论专利法中的技术特征

本书为2025年度浙江省哲学社会科学规划后期资助课题
“论专利法中的技术特征”
（课题编号：25HQZZ024YB）
最终成果

THE LEGAL CONSTRUCTION
OF
TECHNICAL FEATURES IN PATENT REGIMES

饶先成 著

法律出版社 LAW PRESS · CHINA
北京

图书在版编目（CIP）数据

论专利法中的技术特征 / 饶先成著. -- 北京 : 法律出版社，2025. -- ISBN 978 - 7 - 5244 - 0311 - 1

Ⅰ. D923.424

中国国家版本馆 CIP 数据核字第 20255SH304 号

论专利法中的技术特征
LUN ZHUANLIFA ZHONG DE JISHU TEZHENG

饶先成 著

责任编辑 敬梓源
装帧设计 汪奇峰

出版发行 法律出版社
编辑统筹 法商出版分社
责任校对 晁明慧
责任印制 胡晓雅
经　　销 新华书店

开本 710 毫米 × 1000 毫米　1/16
印张 11.75　　**字数** 174 千
版本 2025 年 6 月第 1 版
印次 2025 年 6 月第 1 次印刷
印刷 河北虎彩印刷有限公司

地址：北京市丰台区莲花池西里 7 号（100073）
网址：www.lawpress.com.cn
投稿邮箱：info@lawpress.com.cn
举报盗版邮箱：jbwq@lawpress.com.cn

销售电话：010 - 83938349
客服电话：010 - 83938350
咨询电话：010 - 63939796

书号：ISBN 978 - 7 - 5244 - 0311 - 1　　**定价**：58.00 元

凡购买本社图书，如有印装错误，我社负责退换。电话：010 - 83938349

序

《论专利法中的技术特征》是饶先成以博士学位论文为基础修改完成的著作,并获得了浙江省哲学社会科学规划后期资助课题的支持。

先成是我指导的南京大学法学院2019级博士生,并于2022年9月取得博士学位。他本科修读理工科获得工学学士学位,后又修读民商法学获得法学硕士学位,毕业后从事专利实务和企业知识产权管理工作,在专利事务所、律所和科创企业均有历练。他修读博士学位时年龄偏大,对于以学术研究为志向的博士生来说,需要克服年龄、照顾家庭等实际困难,我当时曾担心他是否能够全身心攻读博士学位。专利实务工作感受和经验积累对于他开展专利法研究显然是有帮助的,在和他的交流中,我能感受到他对专利法的热爱以及对相关问题的敏锐度和探索欲望。难能可贵的是,他还发挥年长的优势,成为我学生团队的带头大哥,组织我的硕士生和其他博士生进行"有组织的学习和科研",其间产出了不少成果。

先成博士论文的选题也是我长期关注的问题,我在接受宁德时代邀请对"技术特征"划分的相关案例做解读时,我俩就相关案例所引发的问题进行了较为深入的讨论和思考。"技术特征"是专利从业人员最为常用的一个概念,但到底什么是技术特征,专利法却并没有给出定义,最高人民法院的相关判决也未能给出明确的观点。而技术特征的表达、划分和确定,直接影响专利申请授权与否和专利保护范围的确定,这既是一个实务问题,也是专利法的基础制度性问题。我曾在给博士生讲授"法学前沿"课程时提到,我在开展国家社科基金项目"专利权的不确定性与专利诱饵的法律规制"研究时关注到技术特征拆分和组合所引发的专利权保护范围不确定性问题，正是在这一背景下，启发了先成关注“技术特征”，并最终将之确定为博士学位论文选题。

虽然先成在博一就确定了选题，但真正开始撰写学位论文已经是博三的时候了。其中有多方面原因，既有小论文发表的压力，也有这个选题自身难度的因素。这个选题看似是一个实务问题，但也是一个非常重要且被忽视的专利法理论和制度问题。作为博士学位论文，如何从学术角度研究“技术特征”，给出定义和确定标准，围绕“技术特征”形成有逻辑的论证架构，确实非常具有挑战性。先成在开始研究后，几度陷入困境。我指导他将专利法构建知识财产权（商品化发明创造）的任务和法律制度创新及具体法律技术相结合进行分析，从技术特征的功能和表达入手，通过对自然语言、机器语言以及符号学的复合考察，揭示专利法中“技术特征”存在的问题，对专利法中最基础的概念进行研究，从而探寻可能的解决方案，以尽可能降低、消解专利权的不确定性。他也确实从这方面往前溯源，但从这部分内容的呈现结果来看，还有可挖掘的空间。令我较为意外的是，他通过事实与价值二分的传统哲学命题以及法哲学的规范性往后端延伸，论证技术特征划分在司法裁判中的实践，尝试完成该选题的理论化和学术化。我虽然不太赞同这样较为宏观层面的分析论证，毕竟这与最初设想的构建具体规则颇有距离，但也不失为一种创新和尝试，也为技术特征的后续研究留下空间，期待先成在此基础上有更进一步务实性的研究。

本书的相关成果曾获得中国法学会知识产权法学研究会2022年年会论文优秀奖，并有2篇论文发表于《中国科技论坛》《交大法学》。如今本书获得浙江省哲学社会科学规划后期资助课题的支持并即将出版，进一步证明了先成在技术特征相关研究上取得了一定成绩。我从与先成的交流中得知，他还准备进一步深化技术特征的研究，尝试将其运用于技术类知识产权。希望他再接再厉，完成自己的研究规划，并为我国知识产权法研究贡献更加优秀的成果。

是为序。

徐棣枫
南京大学法学院教授、博士生导师
2025年5月7日

目 录

Contents

绪 论

一、研究缘起与研究意义

(一)研究缘起

“技术特征”作为专利法领域中的重要术语,贯穿于专利权的获取、权利要求解释、无效宣告请求和侵权判定等诸多专利法相关的实践和理论问题当中。我国在1984年颁布了第一部《专利法》之后,又于1985年公布施行了《专利法实施细则》[以下简称《专利法实施细则》(1985年)],其中提及“技术特征”多达8次。在2023年修订的《专利法实施细则》[以下简称《专利法实施细则》(2023年)]中,“技术特征”更是被提及多达12次。而《专利审查指南2023》中“技术特征”的表达竟有248处之多。更令人诧异的是,无论是《专利法》还是《专利审查指南2023》,均未对如此重要的术语作定义,以至于只能从“技术特征”与其他术语的关系中获知大概的含义。“专利法第二条第三款所述的技术方案,是指对要解决的技术问题所采取的利用了自然规律的技术手段的集合;技术手段通常是由技术特征来体现的。”①由此可见,技术特征是技术手段的载体,在专利文件中用于表征技术手段的描述可称为技术特征,是技术手段在专利文件中的具象化。②

我国主要借鉴了德国的经验。《德国专利法》使用“Merkmale”表示技术特

① 中华人民共和国国家知识产权局制定:《专利审查指南2023》,知识产权出版社2024年版,第62页。

② 由于专利权的取得、权利要求解释、无效宣告请求和侵权判定等往往围绕权利要求书中的技术特征展开,故本书所讨论之技术特征一般为权利要求书中的技术特征。

征,并在其英文版中将之翻译为“features”。[①] 我国学者在翻译《德国专利法》时明确将“Merkmale”翻译成“技术特征”。[②]《美国专利法》在第112条f项中提到了“element”:一项组合的权利要求的构成要素(element),可以表述为为实现特定功能的手段(means)或步骤(step),而不必描述实现该功能的结构、物质或行为。[③]《美国专利法》中的“element”通常被认为相当于我国《专利法》中的“技术特征”,但对于什么是技术特征,《美国专利法》并没有下定义,相关司法判例中也没有明确的定义。[④] 技术特征作为专利法中的重要术语,在缺乏定义的情况下,却在专利行政和司法实践中被广泛使用,影响着专利权有效性认定和专利侵权判定。

作为无形财产权的专利权,由于其权利客体——技术方案具有无形性,因此需要借助权利要求书这一工具来确定其保护范围,不像不动产土地的疆域界定、有形动产物的利益存在,根据标的物本身即可划定,专利权保护范围的具体边界由构成权利要求的技术特征来界定。[⑤] 权利要求范围的界定是专利确权和侵权判定的基础,所以,技术特征并不仅仅用于技术描述,同时它也在表达权利,在此基础上甚至影响着裁判规则。换言之,专利等同侵权判定实际上就是以技术特征比对和划分为基础的裁判规则。技术特征的表达关乎其所构成的权利要求是否为具备可专利性的技术方案,从而影响了发明创造的可专利性,例如,单纯的抽象化的智力规则描述就不具备可专利性。我国专利行政部门和法院在专利确权阶段就有因某一限定是否为技术特征而引发相关技术方案是

---

① 根据我国《专利法》的立法时间推断,所借鉴的应为1981年的《德国专利法》,因此本书以1981年的《德国专利法》文本为参考依据。See Hermann Kinkeldey & Wilfried Stockmair, *The New German Patent Law (1981) in English and German*, Verlag Chemie, 1981, p. 74 – 75.

② 参见国家知识产权局条法司组织翻译:《外国专利法选译》(中),知识产权出版社2015年版,第869、885页。

③ See Consolidated Patent Laws (March 2021 update), United States Patent and Trademark Office (June 7, 2022), https://www.uspto.gov/web/offices/pac/mpep/consolidated_laws.pdf.

④ 参见徐卓斌:《美国专利法上的“全部技术特征”规则》,载微信公众号“知产力”2016年9月10日,https://mp.weixin.qq.com/s/ssx8Xb0DtnRw_qMBd9N0CQ。

⑤ 参见吴汉东:《无形财产权基本问题研究》(第4版),中国人民大学出版社2020年版,第11页。

否为技术特征之集合的争论。[①] 可见,技术特征也蕴含了可专利性的构成要件。

通过上述分析可知,技术特征已然实现了从技术描述术语向规范术语的转化,成为专利法中的具有特定规范意义的术语。技术特征的表达并非任意的,它受到技术规范、可专利性、权利确定性等要求的限制,从而体现了技术特征的规范性。规范性是对抗任意性和偶然性的一种便利机制,建立在理性基础和社会共识之上,[②]技术特征的规范性为专利权提供了某种秩序和保障体系。虽然赋予技术特征规范性意义和功能对专利实务多有裨益,但技术特征的规范性问题并未得到学术界和理论界的重视,由于缺乏对技术特征的体系化认知和建构,因此在司法实务中也暴露出一些问题。技术特征的规范性并未形成严格的标准,正如在技术特征划分的大小和抽象化程度上均不存在成文法上的标准和规定,从而加剧了专利权的不确定性。正如美国学者伯克(Dan L. Burk)和莱姆利(Mark A. Lemley)所言,要想知道一项专利涵盖的保护范围,唯一的办法就是上法院,最终到上诉法院,当法官解释专利权利要求时,它们大约有40%的概率会被推翻。[③]

在涉及等同侵权的司法案例中,各方经常对技术特征划分存在争议,法院往往试图以技术功能划分技术特征,并阐明技术特征划分的理由,以形成技术特征划分规则的显性化表达。然而,由于技术功能不足以普遍化地确定技术特征的划分,因此仍需借助隐藏于法官内心的隐性判断或隐性规则。这些隐性判断或隐性规则的阐明是一种行为规范的再定义,更多涉及价值尺度的考量与平衡,是主观的;但它又离不开特定的场合和语境,因而也是客观的。[④] 这种主观性的考量与平衡若缺乏理性化的建构,可能诱发裁判者以一般法律推理逻辑行

---

① 参见张荣彦:《小小铆钉　一波三折——从一件"无效"案看专利法所称的"技术方案"》,载《中国发明与专利》2004年第10期。

② 参见刘松青:《"规范性"的形而上学疑难》,载《科学技术哲学研究》2020年第5期。

③ See Dan L. Burk & Mark A. Lemley, *The Patent Crisis and How the Courts Can Solve It*, The University of Chicago Press, 2009, p. 27–28.

④ 参见谢晓尧:《竞争秩序的道德解读:反不正当竞争法研究》,法律出版社2005年版,第143页。

使实质上的后果主义裁判。由于裁判理由存在难以被理性化的困境,为此,裁判者常常借用"本领域普通技术人员"视角来普遍化其结论,并试图以此建立该领域共同体的共识。但是,这只是为法官的裁判理由预设了"本领域普通技术人员"的立场,本质上并未改变裁判结论的理性化能力。

由此可见,技术特征虽被作为具有一定规范功能的工具,但其自身概念并不清晰,人们对其认识也不充分。技术特征的划分虽然在司法实践中形成了以技术功能为划分依据的相关规则,但可能有多种划分方式都落入该规则内,如何进行选择和比较是所要面临的难题,是仅在事实层面就能解决,还是应当考量价值因素,均未被充分地讨论,这使得专利权的有效性和侵权判定存在诸多不确定性。技术特征的初始表达促进了专利权范围的起草和形成,专利权的有效性和侵权判定则有待于技术特征的划分与解释。进一步地,专利权有效性中的创造性判断和侵权判定中的相同或等同侵权判断都建立在技术特征划分和比对的基础上。技术特征划分所带来的不确定性和可能诱发的后果主义裁判存在于各国的司法实践中,技术特征拆分或组合甚至决定专利权的有效性和侵权判定是否成立。纵然存在技术特征这一权利边界的划定工具,学术界仍不乏关于"没有创设出行之有效的法律或技术衡量手段"①的抱怨。在缺乏技术特征理性化划分的理论支撑下,无论是专利行政授权、确权,还是司法确权和侵权判定,均可能存在技术特征规范性不足的问题,最终降低了专利纠纷裁判的可预测性。

(二)研究意义

本研究从专利法领域中最基础的术语——技术特征入手,对其考察贯穿技术特征术语的溯源、技术特征的表达和技术特征的应用等多个方面。技术特征的表达兼具技术事实描述和权利表达的功能,即在描述技术的同时创设了财产权利。本研究从底层逻辑上探索以技术特征为核心的专利权生成机制,并围绕技术特征的作用机理寻求解决上述问题的理论和规则,进而在制度层面消解技

① 杨雄文、郭哲:《知识的不确定性与知识产权裁判的可预测性》,载《法律适用》2017 年第 19 期。

术特征划分和比对中的不确定性，对我国专利立法和专利制度的运行具有重要的理论和现实意义。

1. 理论意义

第一，从技术特征入手，追溯专利权作为财产权利的表达机制以及表达自由的限度。从认识论上看，知识作为人类认识的对象，也是由人类实践所产生的。技术方案则是人们在技术领域中所形成的知识，在对新技术方案予以私权化构建时，离不开相应的载体。权利要求书作为固定专利权的工具，扮演着这种载体的角色，权利要求书所包含的技术特征通过发明人自我声明初始形成。虽然专利权的范围由私人起草，但是通过技术特征表达技术事实势必要借助技术语言并受到相应技术规范的限制，且技术特征的权利边界功能受到法律规范和规则的约束。① 通过对技术特征的研究，本书将揭示专利权的表达机制、原理、规范以及由此所带来的问题。

第二，以哲学中的事实与价值二分理论，揭露了技术特征划分背后是事实与价值二分判断的问题，并在此基础上构建技术特征划分的规则和依据。技术特征划分既包含以技术事实为表征的事实判断，又包括技术特征划分量级的规范化涵摄与价值判断。技术特征划分的事实与价值二分属性奠定了以此解决技术特征划分的理论基础，只要从中找到事实与价值的沟通路径和价值部分的推理路径，便能对技术特征划分予以规范化建构，从而实现司法裁判的理性化，树立专利纠纷司法裁判的权威性。

第三，基于技术特征划分的理性化建构，专利法中的多个相似而未统一的术语可实现同一性建构。在创造性判断中的"非显而易见性""突出的实质性特点和显著的进步"，以及在侵权判定之等同原则适用中的"等同特征""容易想到"，均为技术特征比对下差异化程度的体现。本书试图在同一性理论下完成上述术语的同一性建构，从而在授权、确权和侵权判定等多个环节中维持相对一致或可预期的判断尺度，进一步增强专利权的确定性。

---

① See Kelly Casey Mullally, *Patent Hermeneutics: Form and Substance in Claim Construction*, Florida Law Review, Vol. 59:2, p. 339 - 340(2007).

2. 现实意义

技术特征及其划分理论为在现实中为解决相关实务问题提供了理论依据和支撑,对可专利主题、创造性判断、侵权判定等问题中的技术特征划分和比对具有现实指导意义,专利行政机构和法院可以此形成较为一致的技术特征划分共识,并运用案件裁判中的法律推理获得其他参与方的认可。

技术特征划分的确定性提升了专利确权和侵权判定的确定性,进而减少了因技术特征划分而引起的裁判结果频繁“反转”现象的发生。技术特征划分的理性化能有针对性地约束裁判者不当的后果主义倾向,裁判者可凭借技术特征划分中的行动理由进行裁判说理和论证,从而构建起更广泛的共识。各方以“本领域普通技术人员”的视角建立共识,使得“本领域普通技术人员”不再是裁判文书中的一句“空话”。

二、国内外研究成果综述

(一)国内相关研究综述

从国内立法和研究上看,《专利法》并没有直接提及“技术特征”,而是在多个版本的《专利法实施细则》中多次明确提到了“技术特征”,但未能对技术特征予以定义。反而是在我国司法实践中,技术特征的定义得以形成。北京市高级人民法院《专利侵权判定指南(2017)》第 8 条规定,技术特征是指在权利要求所限定的技术方案中,能够相对独立地执行一定的技术功能,并能产生相对独立的技术效果的最小技术单元。最高人民法院的多个案例从技术特征划分侧面反映了技术特征的含义:“技术特征的划分应该结合发明的整体技术方案,考虑能够相对独立地实现一定技术功能并产生相对独立的技术效果的较小技术单元”①;“技术特征的划分应该结合发明的整体技术方案,考虑能够相对独立地实现一定技术功能并产生相对独立的技术效果的最小技术单元”②。从中可以看出,司法实务界往往将技术特征与技术特征划分视为相近的范畴,技

① 最高人民法院民事裁定书,(2017)民申字第 3802 号。

② 最高人民法院民事判决书,(2020)最高法知民终 426 号。

术特征划分相较于技术特征，多了“应该结合发明的整体技术方案”的要素，而权利要求的整体性问题也与技术特征划分密不可分。

以“技术特征”为关键词在中国知网检索，结果显示，江镇华于1988年在《中国法学》上发表的文章《关于专利侵权的判定》使用了“技术特征”这一描述，该文为专利法领域较早涉及技术特征的学术文献。① 上述文献详细介绍了技术特征的运用和以此为基础的侵权判定规则。在2002年，闻秀元曾对技术特征进行定义，认为技术特征是指具有独立功能且能对整体技术方案产生独立技术影响的技术单元或技术单元的集合，并尝试给出了技术特征划分的方法。②

我国学界在技术特征比对以及等同原则的适用上产生了一些具有代表性的研究，如崔国斌在《专利技术的等同比较》一文中提出了几种从权利要求书中提炼技术特征的方法，结合权利要求的解释，揭示了技术特征在等同原则和逆等同原则中的应用。③ 董涛曾在其著作《专利权利要求》中详细描述了技术特征，书中肯定了技术特征确定专利权边界的功能，给予技术特征极高的评价，并认为技术特征是整个权利要求制度的基石，进而揭示了两种技术特征的划分方法，一种为罗列式的划分，另一种是在技术方案的整体上进行各个环节的独立分割。④ 刘永沛在《专利侵权判定元对比理论》一文中，提出了技术特征比对的具体理论和数学模型，并创设了元特征、元要素等概念工具，为技术特征划分和比对提供了有益的启示。⑤ 徐卓斌在其著作《美国专利法等同理论研究》中对技术特征的划分进行了实证考察，认为将权利要求主体内容分割成一个一个的技术特征可能会存在争议，分割得越小越多，比对点就越多，从而对专利权人越不利；徐卓斌还提出，在等同原则的适用中，权利要求中的一个技术特征相当

---

① 参见江镇华：《关于专利侵权的判定》，载《中国法学》1988年第3期。

② 参见闻秀元：《如何对技术方案进行特征区别》，载程永顺主编：《专利侵权判定实务》，法律出版社2002年版，第70－71页。

③ 参见崔国斌：《专利技术的等同比较》，载郑胜利主编：《北大知识产权评论》第1卷，法律出版社2002年版，第25－53页。

④ 参见董涛：《专利权利要求》，法律出版社2006年版，第56－64页。

⑤ 参见刘永沛：《专利侵权判定元对比理论》，载《北大法律评论》第12卷第2辑，北京大学出版社2011年版，第561－597页。

于被控产品中的多个技术特征，被控产品中的一个技术特征相当于权利要求中的多个技术特征，并结合相关案例说明了技术特征划分的复杂性，且在个案处理上难有统一可循的原则。[①] 徐棣枫等在其著作《专利权的不确定性与专利诱饵的法律规制》中曾就最高人民法院的两个典型案例适用不同的技术特征划分方式提出了疑问，两个案例在运用等同原则时适用技术特征不同的拆分和组合方式增加了专利权的不确定性，从案例中显性化地揭示了技术特征划分对案件结果的影响。[②]

此外，技术特征还事关可专利性问题，汪涛对权利要求中的非技术特征进行了考察，进而分析权利要求中的非技术特征可能导致权利要求的主题落入被专利法所排除的主题，同时非技术特征也会对创造性判断和专利权保护范围产生影响。[③] 该研究对本书从可专利性角度研究技术特征多有助益，因此，所谓“非技术特征”实际上也是本书“技术特征”所研究的对象。

（二）国外相关研究综述

从国外立法和研究上看，《美国专利法》采用“element”来表示“构成要素”，相当于我国的“技术特征”。《德国专利法》使用“Merkmale”表示“技术特征”，并在其英文版中将之翻译为“features”。[④]《德国专利及商标局专利程序条例》采用“technischen Merkmale”表示技术特征，并在其对应的英文版中采用“technical features”的表述。[⑤]《欧洲专利公约实施细则》第 43 条规定，权利要求书应当根据本发明的技术特征（technical features）限定寻求保护的事项，在这里同样使用了“technical features”。上述美国和德国立法中有关技术特征的

---

① 参见徐卓斌：《美国专利法等同理论研究》，法律出版社 2018 年版，第 55－56、61 页。

② 参见徐棣枫等：《专利权的不确定性与专利诱饵的法律规制》，知识产权出版社 2019 年版，第 77－80 页。其中提及的两个案例的案号为最高人民法院（2012）民申字第 137 号和最高人民法院（2017）民申字第 3802 号。

③ 参见汪涛：《浅谈权利要求中的非技术特征》，载《中国发明与专利》2015 年第 4 期。

④ See Hermann Kinkeldey & Wilfried Stockmair, *The New German Patent Law (1981) in English and German*, Verlag Chemie, 1981, p. 74－75.

⑤ Vgl. Verordnung zum Verfahren in Patentsachen vor dem Deutschen Patent－und Markenamt, http://www.gesetze－im－internet.de/patv/index.html#BJNR170200003BJNE000100000.（abgerufen am 18. June 2022）.

表述如我国《专利法》一样，均未对相关术语下定义。《布莱克法律词典》(第 8 版)第 1576 页给出了“element”的定义：“一项专利权利要求的相对独立的组成部分。对于预期权利要求的现有技术参考，它必须教导每个权利要求中的构成元素。为了从专利侵权中获得赔偿，无论是字面侵权还是等同侵权，原告都必须证明被控产品侵犯了至少一项权利要求的每一个构成要素。构成要素也被称为‘limitation’。”[①]上述定义仍然回避了技术特征的基本属性，仅是描述了权利要求与技术特征的关系，也未说明技术特征相对独立是通过何种因素进行判断的。

“element”和“limitation”经常在司法实践中被混用，均用以表示权利要求的构成要素。在 Perkin - Elmer Corp. v. Westinghouse Elec. Corp. 案[②]中，有当事人认为“element”是权利要求的部件或者实施例的部件，可以作为一个“limitation”。但更多时候，“element”相当于一系列“limitations”的组合，[③]而“limitation”则相当于一个“feature”。

《美国专利法》第 112 条第(f)款提到了技术特征：一项组合的权利要求的构成要素，可以表述为为实现特定功能的手段或步骤，而不必描述实现该功能的结构、物质或行为。结合《美国专利法》中的相关规定，可知技术特征能够实现特定功能。但是，技术特征属于多大的技术单元并未能从立法中获悉，其所实现的功能可以为上位功能，亦可为细节功能，从而影响技术特征的划分量级，使之具有很大的不确定性。如伯克和莱姆利所言，在技术特征定义的大小和抽象程度上均不存在成文法上的标准和规定，很多时候技术特征也被随意地界定，法官即使不同意这样的界定也无法提供相应的原则依据。对于不同的技术领域，其权利要求可能包含的技术特征数量存在差异，技术特征少的技术领域更容易适用等同原则，因此，技术特征划分可以作为一种微观的政策杠杆。[④]

---

① Bryan A. Garner, *Black's Law Dictionary*, 8th edition, Thomson Reuters West Press, 2004, p. 1576.

② Perkin - Elmer Corp. v. Westinghouse Elec. Corp., 822 F. 2d 1528 (Fed. Cir. 1987).

③ See Corning Glass Works v. Sumitomo Elec. U. S. A., Inc., 868 F. 2d 1251 (Fed. Cir. 1989).

④ See Dan L. Burk & Mark A. Lemley, *The Patent Crisis and How the Courts Can Solve It*, The University of Chicago Press, 2009, p. 27, 127.

但技术特征并非简单的特征罗列，而是需要描述技术特征的作用以及相互间的协同。[①] 将一项权利要求分解成多个技术特征，有些情况下比较容易，在某些时候又存在困难，实际上道出了不同领域之技术特征及其初始表达对技术特征划分的影响。[②]

权利要求保护范围的不确定性通常被归咎于语言表达的模糊性。[③] 伯克和莱姆利曾详尽地描述和分析了技术特征对于保护范围的影响，揭示了技术特征的抽象化程度和分解量级带来了权利要求范围的不确定性，又难以确立抽象化和分解的标准来克服上述不确定性，试图通过权利要求解释的方式来解决由此造成的不确定性。[④] 在此基础上，蒋（Tun－Jen Chiang）将权利要求保护范围视为发明构思的抽象化问题，抽象化程度决定了保护范围的大小，越抽象则被忽略的技术特征也就越多。[⑤]

综上所述，虽然用于表达技术特征的术语有所不同，但国内外的立法和学术界都意识到了技术特征划分的困境，由于司法实务上仍缺少统一的技术特征划分量级和抽象化的标准，因此增加了专利权的不确定性。国内学者倾向于获得一种确定性的技术特征划分方法以形成统一的标准予以适用，并有多个学者在这方面进行了尝试。而国外学者在详细分析技术特征划分量级和抽象化问题后，从权利要求解释的路径中寻求技术特征划分问题的解决方案，这大概由于技术特征划分本质上与权利要求解释属于同一问题。上述研究成果为本研究带来了有益的启示和丰富的素材，但仍未揭露技术特征划分的属性以及形成

---

① See Robert Patrick Merges & John Fitzgerald Duffy, *Patent Law and Policy: Cases and Materials*, 7th edition, Carolina Academic Press, 2017, p. 114－115.

② See James Bessen & Michael J. Meurer, *Patent Failure: How Judges, Bureaucrats, and Lawyers Put Innovators at Risk*, Princeton University Press, 2008, p. 240.

③ See Gretchen Ann Bender, *Uncertainty and Unpredictability in Patent Litigation: The Time is Ripe for a Consistent Claim Construction Methodology*, Journal of Intellectual Property Law, Vol. 8:2, p. 209－210 (2001).

④ See Dan L. Burk & Mark A. Lemley, *Quantum Patent Mechanics*, Lewis & Clark Law Review, Vol. 9:1, p. 29－56 (2005).

⑤ See Tun－Jen Chiang, *The Levels of Abstraction Problem in Patent Law*, Northwestern University Law Review, Vol. 105:3, p. 1097－1152 (2011).

技术特征划分规则的理论，在缺少属性解读和理论支撑的情况下，尚难获得具有共识的规范化路径。

三、研究进路与研究方法

（一）研究进路

为了探究技术特征术语在专利法中的作用机制，从理论层面寻求技术特征的界定、划分的理性化规则，从而解决专利法领域基础性和根本性的技术特征界定和划分问题，为在专利法理论和实务中解决可专利主题、创造性评价、侵权判定等多个问题奠定理论基础并构建规则。本书将从以下几个方面进行论述：

首先，从技术特征术语的产生出发，展示了技术特征从描述技术事实的术语进入专利法领域，并被用作表达和确定权利范围边界的工具的过程。本书从技术特征术语的溯源过程中，揭露出技术特征的含义。技术特征作为权利要求之技术方案的组成部分，是表达和界定专利权边界的工具，对专利权的确定性具有至关重要的作用。确定权利要求的范围离不开技术特征的分解和抽象化，技术特征分解的量级和抽象化的程度使得专利权的范围形成了一片模糊区域。消减这一模糊区域并给予专利权以更强的确定性，仍应回归技术特征的表达。从司法案例出发，进一步揭露技术特征划分量级和抽象化程度对专利权保护范围的影响，有利于准确认识技术特征在专利法中的重要性以及规范化的必要性。

其次，以认识论、语言哲学、事实与价值二分的休谟问题、规范性理论等哲学理论为研究工具，揭示了技术特征划分并不仅仅是事实问题，还涉及价值判断。事实与价值的沟通以及价值推理无法在技术特征划分中完成理性化建构，从而难以取得共识。本书从事实判断与价值判断的沟通层面，以实践理性为路径来建构事实判断与价值判断的联系，从而完成二者间的推导，并将其运用于司法推理当中。事实判断部分需以证据规则和相关理论为支撑，进而获得接近于客观事实的案件事实；价值判断部分则以本领域普通技术人员为主体，将案件事实涵摄于技术特征的划分规则中，借助实践理由建构各方共识，最终完成技术特征划分的理性化建构。

最后，将理性化的技术特征划分规则用于实质性审查、复审、无效宣告和侵权判定等多个程序中，发挥其消解专利权不确定性和抑制后果主义裁判的功能。在此基础上，完成专利法领域多个相似但未统一之术语的同一性建构，统一不同程序中同一问题的论述逻辑，构建一致的话语体系，以提高纠纷解决的确定性，避免诉讼结果的频繁"反转"。

（二）研究方法

本书综合运用多种研究方法，具体如下：

第一，实证研究和案例分析法。从广义上，实证研究既包含了具象化的案例分析，也包括对其他非案例的第一手资料的分析。本研究从案例中识别出技术特征划分对专利权的确权和侵权判定的影响，进而提出应从起点上研究技术特征。梳理技术特征术语的表达，需要从最早的裁判文书和学术文献中寻找起点。在前期研究中，本书发现，"element"被作为技术特征第一次在美国专利诉讼的裁判文书中使用是在 1860 年前后。在此期间，权利要求书制度开始被纳入美国专利法，从实证的角度佐证了技术特征与权利要求书的相伴相生。

第二，比较研究法。众所周知，我国《专利法》以及相关的审查制度均借鉴了比较法中的相关法例。同时，由于语言不同，技术特征存在不同的表达，因此有必要将国外关于技术特征的相关论述与我国专利法中的技术特征进行比较研究。其中，《德国专利法》在文本上对我国专利法的影响甚大。另外，虽然英国、美国等国家专利制度施行较早，发现专利制度中的问题也比较早，但关于技术特征的抽象化和分解量级的问题仍然横亘在美国学术界，这也说明了对技术特征及其划分展开研究着实有难度。从比较分析研究可知，技术特征及其相关的问题在专利法领域存在一定共识，并有待进一步研究。

第三，历史研究法。现代专利法制度已运行近四百年，分析专利制度的演变势必涉及技术特征如何引入专利法以及如何在专利制度中被应用，因此有必要对其历史予以检视。此外，历史研究法与实证研究法还可以结合使用，即某一历史阶段的实证材料能够为论证提供翔实和可靠的佐证。

四、创新之处

"技术特征"是专利法领域的基础性术语，其概念和内涵对专利法的适用有着举足轻重的作用。本书通过追溯"技术特征"进入专利法的历史脉络，厘清其概念、内涵、划分和比对，明晰专利权有效性和侵权判定背后的逻辑和规则。本书具有以下特色与创新之处：

（一）选题上的创新

专利权的有效性确定和侵权判定均为一种"是"或"否"的二值判断。以创造性判断为例，虽然存在创造性等有效性评价要求，但作为专利权客体的技术方案往往不是正好达到创造性的要求，而是可能未能检索到最接近客观事实的现有技术，在推定效力的作用下被授予专利权；也可能审查员对某一个案申请提出了过高的创造性要求，导致相关申请被驳回或大幅缩小了保护范围。专利制度的制度性缺陷或缝隙正是源于上述对不确定的技术方案作二值判断或选择，导致所获得的财产权与实际技术方案之间存在间隙。正是基于上述问题，本书从起点上聚焦表达技术方案的技术特征，从技术特征的确定、表达、划分等问题上寻求弥补专利权制度性缺陷或缝隙的规则和方案。

本书研究起始于技术特征的基础性术语和概念，进而探究技术特征的运行机理，拟借助哲学领域的规范性理论来解构和重塑技术特征在专利法中的规范功能，从而体系化地确定技术特征在专利法中的位置。实务界和理论界都理所当然地将技术特征作为描述技术方案的最小技术要素或最小技术单元，但在实践中却带来较大的不确定性。另外，少有研究者求证技术特征的外延与内涵，从而导致各方均在各自所处的立场来解释权利要求和技术特征的划分。行政机关和法院作为裁判机关容易先入为主地抛出自己的观点，再以此为基础来佐证自己的裁判结论，免不了落入不当的后果主义考量，论证说理时无法将背后的价值考量予以理性化。由于缺乏有力的理论支撑，理论上无以对抗此类不当的后果主义裁判。本书从起点上对技术特征进行分析，从中建构起技术特征的划分规则，为应对不当的后果主义裁判提供理论支持。本书选择了专利法领域中重要的基础性术语，既有创新的一面，又面临艰巨的挑战，在研究篇幅上属相对适中。

（二）内容上的创新

1. 从技术认识出发对技术特征术语进入专利法领域的过程进行溯源，进而分析技术特征在专利法中的作用机制，使技术特征确定、识别、划分等问题得以显性化。技术特征划分本质上包括技术特征的抽象化和技术特征的拆分与组合。技术特征的抽象化以技术功能的抽象化为前提，同时关涉技术特征的解释，司法实践中根据技术功能的抽象化程度进行技术特征的拆分与组合。技术功能的抽象化并无规则的约束，除了技术事实本身的约束之外，在不同抽象化程度的技术功能下对应存在着多种技术特征的组合与拆分方式。此时，不宜过分追求事实层面的证据比拼，而应推理其背后的价值考量。

2. 引入事实与价值二分和规范性理论，并在法律推理中得以应用，从而寻求技术特征划分的确定性。从认识论角度出发，结合专利制度的发展史，来探讨技术特征这一术语进入专利法的缘由和功能。由于技术特征构筑了专利权这一财产权的边界，因此，本书将从财产法理论着手，研究技术特征在权利设置和确定性中的规范性功能。规范性理论是哲学领域的重要理论，规范的背后是“应当”和“理由”，即如何确立技术特征划分的规则以及支持该规则成立的理由。本书以整体等同理论为切入点，对如何确定技术特征划分量级的规则进行论证。技术特征划分包含事实认定和价值判断，这是一个事实与价值二分的问题。从客观记载的技术特征及技术特征比对这一事实判断，联系与沟通技术特征划分规则的价值判断，进而实现技术特征划分的规则建构和理由论证。

3. 基于规范性理论在专利授权、确权和侵权判定的程序中寻求技术特征确定和划分的确定性，抑制法律推理中不当的后果主义考量。本书从实践理性着手，建立事实判断和价值判断的沟通路径，在此基础上对价值推理予以理性化，得到技术特征划分规则，并通过案例的形式呈现出来。在专利授权、确权和侵权判定中，涉及区别技术特征是否具有非显而易见性或是否容易想到的判断，非显而易见性一般认为属于确权当中的创造性判断，但实际上，在专利侵权的等同判断中，区别技术特征相对于专利权的相关技术特征是否是容易想到的，与创造性判断几乎一致。本书发现其中的同一性，并基于技术特征划分从理论上论证二者的同一性，以实现在理论和实务中的应用，并在裁判中寻求确定性。

4. 专利制度作为政策工具，技术特征划分随司法政策、技术领域的不同存在变化。专利的侵权判断、技术特征划分、等同原则的适用都与司法政策存在关联，政策变化影响着技术特征划分。本书欲寻求技术特征划分的规则和确定性，但政策的考量实质上会削弱这种确定性，如何阐释二者的关系并得到较为可靠的结论，值得研究。此外，将技术特征划分作为政策杠杆使用亦是本书的创新点。本书通过解剖政策变化背后的考量因素，以此为基础建构起技术特征划分的规则和理由。

第一章
从技术认识到专利权边界:技术特征的产生

爱因斯坦曾说:“认识论如果不同科学接触,就会变成空洞的图式。”客观信息被主体意识到和感知,从而形成对信息的主观认识,主体对所认识之知识予以客观表达,是人类对知识的认识过程。[①] 知识的信息交互则需要借助于相应的载体完成,技术的表达经历实物载体、语言表达和书面文字等多种形式。知识在被产权化以前是人类的公共产品,语言文字成为知识传播的主要形式,因此技术的语言化或文字化是技术表达和传播的重要基础,语言(尤其是技术语言)被作为认识和表达技术的工具。在我国专利制度建立之前,“技术特征”术语就出现在一些国外技术介绍资料的翻译文献中,仅用于表示技术的特点,并非指完整的技术方案。在专利制度出现以后,尤其是权利要求书出现之后,对技术的描述和表达同时也是在界定专利权的权利范围,由此,专利法领域中具有规范意义的技术特征得以产生。

① 参见阳平:《论侵害知识产权的民事责任——从知识产权特征出发的研究》,中国人民大学出版社2005年版,第15页。

第一节　书面描述规则下专利技术与有形载体相分离

一、技术的可表达性与技术的权利化

（一）技术的产生与发展

在漫长的历史长河中，涌现出众多卓越的技术，如中国古代的四大发明，这些技术是人类认识和改造客观世界的产物。技术与人类社会相始终，技术的运用和技术文化的传承乃是人类生存模式的要素，为一切人类社会所实践。① 技术的产生源于人类对客观世界的认识，是人类理性化的知识。正如康德在《纯粹理性批判》一书中提到的："我们的一切知识都以经验开始，因为我们认识能力受到激发而行动，一方面由自己造成表象，另一方面使我们的知性行动运作起来，对这些表象加以比较，把它们联结起来或分离开来，并把感性印象的原始材料加工成叫作经验的对象的知识。"②

技术本身作为知识的一种，也是人类认识的对象，人类对技术的认识活动在思维中得以进一步抽象化和理性化，因此技术的发展是累积式进行的。人类的技术史随着人类本身开始，唯一与生命有关不可辩驳的人类标准是工具的出现。③ 因此，技术的产生与发展又伴随着工具的发展，工具作为技术人工物是人类社会所特有的。技术人工物是技术的物性及结构性形式，技术作为人类活动的手段出现，使用技术活动功能的并非人类，而是机器或工具，技术活动凭借的是人对自然的力量，即对自然规律的利用。④

经验技术的成功应用是以正确地利用自然规律为基础的，然而，能被简单

---

① 参见盛国荣：《西方技术思想研究——一种基于西方哲学史的思考路径》，中国社会科学出版社2011年版，第5页。

② ［德］伊曼努尔·康德：《纯粹理性批判》，李秋零译，中国人民大学出版社2004年版，第26页。

③ 参见［法］布鲁诺·雅科米：《技术史》，蔓莙译，北京大学出版社2000年版，第12页。

④ 参见［俄］B. M. 罗津：《技术哲学：从埃及金字塔到虚拟现实》，张艺芳译，上海科技教育出版社2018年版，第39页。

模仿的自然现象是十分有限的,因而经验知识的积累和在原有经验技术基础上进行技术创造的能力也是十分有限的。① 技术创造有赖于科学的引导和推动,受限于当时的科学水平,以手工业为代表的技术产业需要大量的劳动力,有着迫切提升技术水平的需要。正是由于机器的发明,人们可以利用机器在燃烧化石燃料的过程中获取机械能,使工业化成为一场持续不断的工业革命。② 随着科学的进步,自18世纪60年代开始,人类认识和改造自然的能力得以提升,人类以机器大生产代替手工劳动,以自然力代替人力,并自觉地应用自然规律,以科学来代替从经验中得出的成规。③

技术的发展推动了大规模生产,规模化的生产刺激了资本家的形成。资本的投入带动了产业分工,越来越多的发明被创造出来,在第一次工业革命期间,涌现了一大批以纺织机械、蒸汽机等为代表的发明创造。在英国当时全民性对工程技术的崇拜中,作为"工厂主"的新兴阶层表现得最为虔诚,因为技术和发明与他们有着最为密切的利益关系。④ 机器时代的发明创造需要大量的财力投入,许多发明家们就因投入研发而穷苦,同时还面临市场的风险考验和发明创造被抄袭的担忧。正是有了专利制度赋予的排他权,资本家愿意资助发明家继续投入发明创造,从而参与专利权的收益分配。

技术通过有体物的发明创造形式呈现,而凝结于发明创造上的技术信息随着有体物的使用和转移也被他人认识,他人容易参照或模仿该发明创造制造出同样的机器,而且也可以抽象化地提炼发明创造上所包含的技术信息。专利制度产生伊始就是要赋予发明家在一定区域内制造某一机器的排他权,从而激励资本家对发明家的资助和投入。曾经在技术发明史上,在瓦特制造出蒸汽机样机之时,一位叫罗巴克的商人就答应以三分之二的专利收益作为回报,替瓦特还清债务并支付专利申请费。⑤ 从中可知,工业化时代刺激了专利制度的产

---

① 参见罗天强:《论技术与自然规律》,载《科学学研究》2008年第4期。

② See Daniel R. Headrick, *Technology: A World History*, Oxford University Press, 2009, p. 97.

③ 参见管晓刚:《关于技术本质的哲学释读》,载《自然辩证法研究》2001年第12期。

④ 参见邹琳:《英国专利制度发展史研究》,湘潭大学2011年博士学位论文,第19页。

⑤ 参见刘二中:《技术发明史》,中国科学技术大学出版社2006年版,第69页。

生，应运而生的专利制度提供的排他保护让技术和产业更加坚定地投入发明创造，提高了回报的确定性，促进了技术的蓬勃发展。

（二）技术表达及其规则、限度

人工物包括技术和符号，如果技术的存在符合实践活动的规律，那么符号就是根据语言交流的规律表征，以及在科学、艺术和设计中创建思想客体的活动规则。[①] 因此，技术创造需要借助某种以语言为代表的符号表达出来。在科技哲学上，技术是一种存在的结构，这种结构以物为载体，以符号为构造其结构的基本原则，以符号合理排列和符号演出规则、制度为蓝本形成现存的技术结构。[②] 由此可见，技术以物为载体，符号表达则是将知识或技术显性化的重要方式，通过符号化的形式记载和显示技术，使得他人可感知，且易于传播。从人类认识物体的过程亦可得知，从感性知觉虽可识别物体的轮廓、形状、构造等，但仍需结合主体内心的符号规则对物予以解读，只有这样才能剥离出物体上所承载的技术信息，并将其抽象化地分离。

知识包括言传知识和意会知识，言传知识的传播以语言、文字等为表达载体，借此完成主体间的信息交换。[③] 同样地，技术传播建立在人类对技术的认识基础上，并通过语言、图形、文字、实物等符号的表达形式予以固定或传播。技术表达对于技术的利用和技术问题的解决至关重要，前者甚至是后者的前提条件。例如，古人引入标准的垄沟来计算田地的面积或比较两块田地的大小，通过在田地中犁出垄沟，根据垄沟的数量和其中一列垄沟的长度来计量面积。[④] 在这里垄沟是承载技术的物，利用垄沟来计算田地的面积则是技术的符号表达。技术的符号表达并非简单的复制，而是在一定物理条件下可以实施的

---

① 参见[俄]B. M. 罗津：《技术哲学：从埃及金字塔到虚拟现实》，张艺芳译，上海科技教育出版社2018年版，第36页。

② 参见韩永进：《符号、结构与技术》，人民出版社2007年版，第227页。

③ 参见李晓明：《模糊性：人类认识之谜》，人民出版社1985年版，第70－72页。

④ 参见[俄]B. M. 罗津：《技术哲学：从埃及金字塔到虚拟现实》，张艺芳译，上海科技教育出版社2018年版，第59页。

技术符号。[①] 可见，技术表达与作品的表达不同，技术表达是基于自然规律进行的符号规则构建，而作品的表达相对任意，受到较少的限制。既然技术表达存在这样的特殊性，如何进行技术表达以及探讨技术表达的规则，对于技术的权利化以及权利的确定性等问题起着基础性的作用。

通过对现代技术与符号的考察，鲍德里亚（Jean Baudrillard）首次把人们从物的领域带入了符号的领域。[②] 但鲍德里亚试图弱化物体的实在性，剥离物的使用价值，让物从其功能性中解放出来，构建物的符号化与人的关系。从技术表达维度上看，技术表达的符号化是将物体的实用功能符号化，而非削减物体的使用价值，因而两者是有差异的。然而，从物的符号化与人的关系维度来看，技术的表达需要被人类所认知，也需要以人类的语言等共识性的形式进行符号化。在这一层面上，鲍德里亚的理论也给了我们启示。

技术表达是构建与物体或技术的实用功能具有对应关系的符号，即从中抽象出与物体或技术相当的抽象物。语言是基于社会集团成员普遍接受的规约而存在的。[③] 尽管技术表达有多种符号形式，但归根结底是需要采用人类具有共识性的符号——语言，才能完成技术的沟通交流与传播。语言一般可分为口头语言和书面语言，二者均能被用来表达技术并进行信息的传递。对于口头语言来说，由于无法固化，传递的效率和准确性均难以满足人们进行技术交流的要求，甚至存在技术被误解的可能。而用书面语言作为符号来描述技术也并非理想的介质，尤其在工业化时代，纯粹的自然语言描述抽象物的精确性无法满足零件互换性和适配性的要求。于是，在书面语言的基础上，开始分化出技术语言。技术语言包括工程图纸、图表、公式、机器语言等，机器语言使得技术的表达更为精确，且能有效地传输技术信息，例如，在工程图纸上标注尺寸、加工

---

① 参见熊文聪：《事实与价值二分：知识产权法的逻辑与修辞》，华中科技大学出版社2016年版，第89页。

② 参见孔明安：《从物的消费到符号消费——鲍德里亚的消费文化理论研究》，载《哲学研究》2002年第11期。

③ 参见［瑞士］费迪南·德·索绪尔：《普通语言学教程》，裴文译，江苏教育出版社2001年版，第16页。

精度、公差等,技术人员可直接根据工程图纸进行加工或建造。久而久之,各国为技术语言确立一定技术标准,从而将技术的表达规则确认为技术规范。例如,《技术文件用图形符号表示规则 第1部分:基本规则》(GB/T 16901.1—2008)就是一项国家标准;此外还有诸多国际标准或国际通用的技术语言等,如门捷列夫创造出的元素周期表,以及在此基础上被表达出来的化学元素、化学分子式等。因此,技术表达的演化是技术表达追求确定性的过程,逐渐地,技术表达不再自由,而是存在一定的限制,包括语言规范的限制和技术规范的限制。技术规范对技术表达的限制主要体现在,技术表达需要满足技术事实的要求,即应当符合自然规律,否则技术表达便不具有可实施性,甚至无法交流。语言规范的限制则体现在,技术表达应当具有一定的确定性,符合交流语言和技术语言的规范。

(三)技术的财产权化

正如上文提到的,承载了技术信息的发明创造可抽象出表征其实用功能的符号化表达,因此物的传播和流转可以导致凝结于其上的技术信息的传播。从发明创造上抽象出的技术信息可教导他人仿制出该发明创造,而技术的发明人却无法控制这种模仿,从而导致技术脱离发明人而失控。这与知识的相容性是一致的,即对物的仿造并不减损技术发明人对技术的使用,因此具有正外部性,这在一定程度上给社会公众带来了利益,也不损及技术发明人。"知识溢出"的存在导致人们既期盼获得"知识溢出"以提高技术水平,又致力于防范因"(自身)知识溢出"而遭遇的市场竞争。[①] 在技术公有化的机制下,被创造出的技术沦为公共技术,公众无偿地获得了发明创造上的技术信息,而技术开发投入和风险却需要由发明人承担。在这种情况下,经济学中的"公地悲剧"警告人们在稀缺资源公有化的情况下,可能产生资源被过度利用的危险性,使我们认识到为了提高资源的利用效率而对技术施以私权化的必要性。在此之前,人们也尝试过其他机制,即金钱和荣誉的奖励制度。例如,清政府在光绪年

① 参见卢现祥、笪琼瑶:《知识溢出、知识产权保护与企业创新》,载《江汉论坛》2020年第11期。

间给予技术创新者商勋、顶戴的奖励，欧洲则有以技术创新来谋求公职的事例。[①] 然而，非产权化的激励模式存在天然的弊端，奖励确实能够激励部分技术创新，但这种奖励无法被交易。在技术共享状态下，产业投入很难被吸引，投资者面临承担技术开发和市场开拓的风险，却可能无法享有与之匹配的收益，因为其他市场主体可以在低投入和低风险的情况下进入市场参与收益的分配。正是在这样的背景下，通过对技术私权化提供产权激励的专利制度得以创设。

技术的私权化首先需要面对的就是制度设计问题，即通过排他权将技术的正外部性溢出予以内部化，但私有的技术需要与公共的技术相区别，否则前者将"入侵"人类的公共知识领域。在专利制度发展伊始，发明人所作出的发明创造往往具有原创性，同时又带有垄断特权的性质，通过信息的传播人们较容易知悉某一发明创造的发明者，因此将私有技术与公共技术相区分并不困难。然而，随着技术的发展，专利开始越来越多地被视为保护和竞争的工具，提交的相似的专利申请也就越来越多，因此需要进行广泛的研究和调查，才能确定谁最有权获得该专利。[②] 此时，实用主义的做法，即赋予发明人在某一地区的垄断实施权已经无法满足专利权作为一项私权的需要，只有设置专利权的构成要件才能区分私有技术与公共技术，以免发生专利权将公共技术独占或者多个专利权重叠（如同一发明创造被授予多个专利权）的现象。再后来，专利权的侵权纠纷开始发生，专利权的保护范围成了判断是否侵权的关键，这也给专利制度带来不小的挑战。接下来，问题重新聚焦于专利权的构成要件以及技术表达，只有解决该问题才能将新的技术方案从公共技术中分离出来，并确定专利权的边界。

---

① 参见张新锋：《专利权的财产权属性——技术私权化路径研究》，华中科技大学出版社2011年版，第18－19页。

② See Christine MacLeod, *Inventing the Industrial Revolution: The English Patent System, 1660－1800*, Cambridge University Press, 1988, p. 52.

二、专利契约论与专利法中技术的书面描述和披露

（一）专利披露制度溯源

智力成果正是由于可以为有形载体所承载，才有获得法律保护的可能性。[①] 发明创造的有形载体主要是装置，从词源上看，专利存在固有的公开属性，而世界上第一部专利法——1474年《威尼斯专利法》，记载了市民在本市内完成新装置的发明或改进后，应向市政机关登记。[②] 可见，专利法早期实践是通过装置实物来表达专利技术，并可借此大致了解权利人所享有的权利范围。发明创造是人类在现有知识和经验的基础上，结合自身的创造性劳动，用以解决技术问题而形成的智力成果，装置实物就是智力成果与其有形载体的复合体。哲学家黑格尔就曾揭示了知识产品的非物质性与其表现形式的客观性，当时的他已经认识到知识产品与其物化载体两者之间的区别。[③] 然而，仅以实物展示和提交登记的方式存在诸多弊端，区别无形的发明创造与有形物的表达存在困难，且技术信息传播的成本几乎没有被改变。

在英国的早期实践中，1598年的Darcy v. Alli案和1615年的Clothworkers of Ipswich案都表明，给予专利权人以排他权是为了给当地带来新的产业；在说明书制度实施以前，在专利授权证书中加入“学徒条款”则是基于专利实施和产业发展考量形成的一种技术传播和披露方式。[④] 但随着英国工业的发展，越来越多的改进技术得以出现，专利权之间的冲突也变得容易发生，因此需要限定专利权的权利界限，但这实际上也是对专利权的一种限制。[⑤] 1778年，Liardet v. Johnson案的判决指出：“说明书应该足够完整和详细，以使本发明所属

---

① 参见凌金铸：《知识产权因素与中美关系：1989—1996》，上海人民出版社2007年版，第53页。

② 参见吕炳斌：《专利披露制度研究：以TRIPS协定为视角》，法律出版社2016年版，第31－32、43页。

③ 参见吴汉东：《财产的非物质化革命与革命的非物质财产法》，载《中国社会科学》2003年第4期。

④ See E. Wyndham Hulme, *On the Consideration of the Patent Grant Past and Present*, Law Quarterly Review, Vol. 13:3, p. 313－314(1897).

⑤ 参见董涛：《专利权利要求》，法律出版社2006年版，第27页。

领域的任何人都能够理解和应用本发明,而无需进一步的实验……”[①]该表述标志着专利权人需以详细披露发明的技术信息来换取专利权保护。1790 年《美国专利法》首次从立法上将说明书制度引入专利法,并规定说明书和模型意在区别于已为公众知晓或已使用的其他物体,且便于本领域的技术人员能够在专利权到期后制造和使用同样的发明。[②] 该法采用的“个别申请查阅制”虽然与现代意义的专利披露制度仍存在差异,但在笔者看来,个别申请主要是基于当时技术传播方式的限制以及技术公开成本的考量,仍与现代法律中利害关系人查阅调档的权限相似,毕竟实际上只有少部分想要参考该技术和了解其保护范围的人才需要了解已被保存的专利申请文档。

1852 年《英国专利法》首次在法律中规定了说明书的出版公开。随着说明书的公开正式被引入专利法,专利契约理论中的技术公开在法律中获得了确认。在说明书制度的书面描述规则下,知识信息被从有形载体上分离出来,说明书的专利披露制度使得专利权的获取以专利技术公开作为对价。同时,为实现技术的传播,专利技术在专利权期限届满后即进入公共知识领域。正因如此,说明书主要用于披露技术方案,旨在将专利技术与已知技术予以区分,在一定程度上也界定了专利权的保护范围。说明书通过语言文字完成对技术方案的表达,较少涉及严格的术语界定规范和权利边界划定的规范,意在将技术信息从有形载体上分离,或将脑海中的抽象物转化并予以固定,在书面描述下结合披露制度得以公开。在上述过程中,书面描述与专利文件的公开加速了技术的传播。

专利披露制度本质上也是技术信息的扩散机制,专利权人因获得了权利而受到激励并持续产出,社会公众则获得了技术信息并在此基础上创新。[③] 因

---

① Christine MacLeod, *Inventing the Industrial Revolution: The English Patent System, 1660 – 1800*, Cambridge University Press, 1988, p. 49.

② 参见吕炳斌:《专利披露制度起源初探》,载国家知识产权局条法司编:《专利法研究 2009》,知识产权出版社 2010 年版。

③ 参见张新锋:《专利权的财产权属性——技术私权化路径研究》,华中科技大学出版社 2011 年版,第 19 – 20 页。

此,即便技术的权利化将技术私有,但技术的利用还有公益的成分,被私有的技术构建了作为创新基础的知识资源并开放给公众。公众接受了专利文献所开放的知识资源,在此基础上加入创造性劳动,其创新的技术方案如果满足专利授权条件,也可获得新的专利权,亦可成为被私权化的技术。此外,公众受到已公开专利文献的启发,发明出与其不同的技术方案,并不会侵犯在先的专利权。

(二)专利契约理论下专利权的正当性与制度缺陷

在知识产权基本理论框架下,以洛克劳动学说和黑格尔人格学说为代表的"自然权利论"以及工具主义的"创新激励论",为证成知识产权保护的正当性提供了理论依据。[①] 上述理论强调,成果开发者的保护虽有利于人们接受知识产权,却未能正视社会公众的利益。将专利权人的利益视为财产权,使得专利得以与传统的自由权利论相结合,这赋予了专利权人极大的权利。相较之下,将专利权人和社会视为契约关系下具有同等权利和义务的两方则更为中立,有利于在博弈中寻求二者的平衡。[②] 专利制度从诞生至今已有四百年,在理论发展上虽难以企及民法、刑法等传统法律部门,但仍然涌现出一些具有其自身特质的理论,专利契约理论便是专利制度的重要理论之一,并被用来解释专利制度和论证其正当性。专利契约理论认为,发明人将公开其发明创造的技术内容作为对价,获取以国家为代表的社会公众所赋予的排他权。基于专利契约理论,申请人的专利申请行为和国家专利行政部门的专利审查行为就是双方专利契约的达成过程。专利契约论使得专利权进入市场,授予的财产权利可以交易,激励了创新的产出和应用,促进了人类社会知识增量。

学者通常将社会契约论视为专利契约理论的依据。西方学者将信息公开与权利专有的现象解释为契约对价关系,其思想观点源于社会契约论。[③] 法哲

① 参见张平:《市场主导下的知识产权制度正当性再思考》,载《中国法律评论》2019 年第 3 期。

② 参见李洁琼:《从专利社会契约论角度重新审视专利制度——评彼得·达沃豪斯〈知识的全球化管理〉》,载谢进杰主编:《中山大学法律评论》第 14 卷第 3 辑,中国民主法制出版社 2017 年版。

③ 参见吴汉东:《法哲学家对知识产权法的哲学解读》,载《法商研究》2003 年第 5 期。

学意义上的社会契约论的核心与本质是解释政府起源问题或社会基本结构问题，为政府起源或社会基本结构提供正当性解释。[①] 社会契约论之于专利契约论的贡献在于其关于财产权制度的论证，即社会契约论可以被用来解释专利权，但难以被用来解释同样被用于解释专利权的专利契约理论。社会契约论与专利契约理论的共同点在于“契约”，无论专利契约理论的具体内容是什么，专利契约理论都将专利权视为一项发明人与社会公众之间的契约。因此，笔者认为，正是基于社会契约论与专利权正当性的密切关系，人们才从社会契约论中将“契约”引入专利契约理论当中。这也难怪有学者将专利契约理论视为政治哲学上的社会契约理论和私法上的民事契约理论二者内容耦合的产物。[②] 然而，专利契约理论的内容实质则是民事契约中的“对价”，对价理论在英美合同法中占据统治性地位，所以专利契约实质上是拟制的民事契约。

值得注意和探讨的是，既然将专利权视为一种契约，那么契约双方都应享有起草契约的权利，但专利权作为由申请人起草的契约，虽然受到专利行政部门的审查，但权利的表达及其边界几乎均由申请人来设置。不仅如此，申请人还可选择性地表达将要披露的说明书，从而实质上将公众排除在参与契约起草的过程之外。因此，这也是专利契约理论留给专利制度的一个弊端，最终落脚点就在于如何形成权利要求书，以及如何借此确定专利权的保护范围。专利制度的运行机制是否能够在无形中弥合这一弊端，则有待本书后续进一步分析。

---

① 参见吕炳斌：《专利契约论的二元范式》，载《南京大学法律评论》2012 年秋季卷，法律出版社 2012 年版。

② 参见杨德桥：《专利权社会契约理论及其对专利充分公开制度的证成》，载《北京化工大学学报（社会科学版）》2018 年第 2 期。

第二节　构筑专利权的边界

一、专利权界定的工具:权利要求书

(一)权利要求书的确立和发展

1793 年《美国专利法》规定了新颖性和实用性的标准,当时主要根据说明书进行判断。正如上文提到的,说明书制度在一定程度上起到了与已知技术相区分的作用。专利的审查标准有助于确定专利权的保护范围。[①] 在专利契约理论下,确定专利权的保护范围必须考虑发明人对其发明的披露,并与专利权人披露的内容相当。[②] 然而,虽然书面表达完成了将知识产品与有形载体相分离的工作,但仅将说明书用于界定专利权的保护范围,显然已无法满足产业发展和技术多样化背景下的侵权判定需要。法官需要从说明书中提炼专利权的保护范围来确定是否构成侵权,这具有较高不确定性,也不利于公众判断专利权的保护范围,增加了专利界权的成本。

1811 年富尔顿(Fulton)在其汽船发明专利的说明书的最后部分使用了"I claim my invention…"的表述,并在其后记载了三个类似形式的权利要求,被认为是世界上最早出现的权利要求。这在当时并非强制性要求,只是强调了相关专利的重点,虽具有参考意义,但并没有马上形成需要遵守的先例。[③] 可以说,权利要求的出现既有个案和偶然的成分,也是专利制度发展到一定阶段的必然需要。偶然性在于,在该案之后的一百多年间,"claim"并未成为界定专利权的依据,法院仍然基于说明书记载的内容来确定专利权的保护范围,"claim"在专

---

① 参见董妍等:《权利要求保护范围在专利审查和司法解释中的差异分析》,载《知识产权》2013 年第 7 期。

② 参见闫文军:《专利权的保护范围》(第 2 版),法律出版社 2018 年版,第 13 页。

③ 参见陈文煊:《专利权的边界——权利要求的文义解释与保护范围的政策调整》,知识产权出版社 2014 年版,第 73 页。

利文献中也仅作为动词使用。英国的"发明精髓"原则就是起源于专利法中尚未明确规定专利申请文件中必须包括权利要求书的年代,审理专利侵权纠纷的法院不得不依据说明书记载的内容来辨别发明的实质所在。[①] 虽然"发明精髓"原则在权利要求时代仍然在发挥影响,但其所聚焦的仍是以权利要求书为中心的点,如权利要求解释中的中心限定主义。而权利要求产生的必然性则在于,法院难以持续承担提炼专利权的保护范围的繁重任务,导致法律将界定专利权的保护范围的责任转移给申请人。

Seed v. Higgins 案[②]被认为是权利要求书地位上升过程中具有里程碑意义的案件。原告 Seed 因新颖性问题提交了一份放弃声明,从而缩小了权利要求的范围,被告 Higgins 因而质疑该专利是否有效。该案一直上诉到了英国上议院,英国上议院结合其权利要求以及放弃声明,判断被控侵权产品是否落入该专利权的保护范围。可见,权利要求既不能概括过宽的保护范围,以免将现有技术包含进来而面临有效性危机,又需要覆盖被控侵权的技术方案,才能使后来者构成侵犯专利权。经过判例法实践,英国 1883 年终于在《专利法案》第 5(5)条规定:每个说明书都需要包括权利要求的特别说明,否则任何被官方登记的专利都将被视为无效。[③] 往后的司法实践逐渐确立了权利要求的重要地位,如果专利权人无法证明被告的侵权行为直接或间接地落入说明书后面的文字,即权利要求书中,就不应当被认定为侵权。[④]

与英国将权利要求书纳入法律要求的时间相仿,1870 年《美国专利法》也开始要求发明人提供权利要求书,并在此后在判例法中得以实践。以 McClain v. Ortmayer 案[⑤]为例,从该案中总结出:如果专利权人只描述并要求其发明的

---

① 参见尹新天:《专利权的保护》(第 2 版),知识产权出版社 2005 年版,第 244 页。

② Seed v. Higgins (1860). See English Reports Full Reprint Vol. 11 – House of Lords. p. 545.

③ See Henry Hardinge Cunynghame, *English Patent Practice: With Acts, Rules, Forms, and Precedents*, W. Clowes and Sons, 1894, p. 195.

④ See Thomas Terrell, *The Law and Practice Relating to Letters Patent for Inventions*, Sweet & Sons, 1889. 转引自董涛:《"专利权利要求"起源考》,载国家知识产权局条法司编:《专利法研究 2008》,知识产权出版社 2009 年版,第 140 页。

⑤ McClain v. Ortmayer, 141 U. S. 419, 428 (1891).

一部分，那么他被认为已经将剩余部分放弃给了公众；如果说明书和权利要求书的语言清楚地表明了他希望获得的垄断范围，那么任何不属于专利权人自行选择表达其发明保护范围的行为都不能被视为侵权。该案也可被看作捐献原则的雏形。

综上所述，权利要求书成为专利权界权的工具有其历史的必然性。随着技术的复杂化，法院难以承担从说明书中抽象提炼发明创造核心内容的繁重任务，最终选择向专利权人转移这一成本。对于专利权人来说，投入撰写权利要求书以亲自划定专利权的保护范围具有相当的诱惑力。法院的成本转嫁与专利权人的内在驱动，二者耦合促使了权利要求制度的进一步发展和发挥作用，使得权利要求书真正成为界定专利权范围的工具。当然，专利权人自己声明和表达的权利要求范围，仍然受到新颖性、创造性、可实施性等专利实质性条件的限制。

（二）以权利要求为核心的专利权保护范围

权利要求书充当了界定专利权的保护范围的工具，通过权利要求书向公众公示权利的范围，以避免社会公众侵权，也便于公众确认权利之外可自由实施的范围。最终当侵权发生时，权利人可凭权利要求书与被控行为实施的技术方案相比，从而判断被控行为实施的技术方案是否落入了专利权的保护范围。可见，权利要求书扮演着界权的重要角色，但其如何承担上述使命，尚存疑问。

专利权依赖语言文字表达权利人要求保护、代表公众的授权机关同意保护、社会公众认为可以获得保护的范围，通过语言文字体现的是主观意志，且确定性难以与客观存在物相提并论。① 因此，权利要求保护范围的不确定性通常被归咎于语言表达的模糊性。② 一个已通过专利审查程序并按照相关要求作出了修改的权利要求仍存在范围不清晰的空间，这就引发了关于权利要求解释

① 参见陈文煊：《专利权的边界——权利要求的文义解释与保护范围的政策调整》，知识产权出版社2014年版，第2页。

② See Gretchen Ann Bender, *Uncertainty and Unpredictability in Patent Litigation: The Time Is Ripe for a Consistent Claim Construction Methodology*, Journal of Intellectual Property Law, Vol. 8:2, p. 209－210 (2001).

的问题。如果被控侵权的产品并非完全参照权利要求制造，二者在结构上存在差异，那么将被控侵权的实物与权利要求书的文字相比对，就更难完全对应。在争议的标的或风险足够高的情况下，律师甚至会揪住权利要求书中的每一词汇质疑。[①] 因此，专利权的保护范围的界定必须直面权利要求书的解释。

权利要求书的解释源于各国司法实践的发展，经历了周边限定主义、中心限定主义和折中主义三个不同阶段。纵观权利要求解释方式以及等同原则的发展，权利要求书的解释与权利要求的形成与表达有着千丝万缕的联系，也与一个国家专利制度的起源和发展脉络相关，还与技术进步和产业发展、市场、科技、产业政策有关。周边限定主义和中心限定主义本质上是形式主义的解释规则和整体论的解释规则区分的体现，不同的解释规则将导致权利要求保护范围的差异，进而影响侵权是否成立。[②] 美国和英国的专利制度均经历了从书面披露向权利要求书制度的转变，由于司法实践长期从说明书中抽象出专利权所保护的范围，两国的权利要求解释均经历了中心限定主义的阶段。以美国为例，从 1836 年到 1870 年《专利法案》关于权利要求中语言文字的细微变化可以看出，美国专利制度在从中心限定主义向周边限定主义转变。[③] 无论是中心限定主义还是周边限定主义，都伴随着等同原则的适用。在中心限定主义期间较为活跃的等同原则在周边限定主义期间相对沉寂，并在 Warner - Jenkinson Company, Inc. v. Hilton Davis Chemical Co. 案[④]中得以发展。

随着权利要求撰写方式和有关理论的完善，申请人已经掌握了如何在专利审批中通过权利要求书对其要求保护的发明作出较为准确的定义。此时，英国法院对“发明精髓”原则的依赖程度也就逐渐减少了，开始向周边限定主义阶段转变。[⑤] 1973 年 10 月 5 日，《欧洲专利条约》在德国慕尼黑签订，并在 1977

---

① See Robert C. Kahrl & Stuart B. Soffer, *Thesaurus of Claim Construction*, Oxford University Press, 2011, p. 2 - 3.

② 参见梁志文：《专利权的界定：沟通权利要求的解释与公开充分性》，载崔国斌主编：《清华知识产权评论》2015 年第 1 期，法律出版社 2015 年版。

③ 参见董涛：《专利权利要求》，法律出版社 2006 年版，第 178 页。

④ Warner - Jenkinson Company, Inc. v. Hilton Davis Chemical Co., 520 U. S. 17(1997).

⑤ 参见尹新天：《专利权的保护》（第 2 版），知识产权出版社 2005 年版，第 244 页。

年 10 月生效。为了适应《欧洲专利条约》的要求,英国于 1977 年修改了专利法,使专利权的保护范围根据权利要求的语言确定,说明书和附图则被用于解释权利要求。[①] 此后,英国上议院在 Catnic Components Limited and Another v. Hill & Smith Limited. 案[②]中第一次提出了目的解释论,以突破权利要求用语的严格限制,于是,发明精髓原则对于等同物的保护便让位于目的解释论。[③]

各国法院在解释权利要求时,最后均开始向中间地带靠拢,即折中主义。根据折中主义解释,专利权的保护范围包括两个部分,一部分是权利要求文字所记载的范围,另一部分是与权利要求内容相等同的内容。[④] 我国一开始就确立了全部技术特征原则,但在侵权判定过程中,由于专利制度实施时间不长,多数申请人和代理人不精通权利要求书的撰写,因此曾在较长时间内适用多余指定原则。[⑤] 多余指定原则源于德国以中心限定主义为主的"总的发明构思"理论。经历了曲折的发展,我国在 2001 年最高人民法院发布的《关于审理专利纠纷案件适用法律问题的若干规定》第 17 条中规定了等同原则,自此折中主义解释得以确立。[⑥]

权利要求解释经历了漫长的动态变化,其间随着各国专利法的修改,权利要求的形式要求、专利申请人及代理人技术表达能力等因素推动着权利要求解释的变化。最后,权利要求解释停留在折中主义下的等同原则,在全面覆盖原则的形式确定性下寻求保护范围的实质确定性,否则争议双方更将无休止地聚焦词汇的文义。等同原则的使用则在一定程度上限定了词义的"射程",在权利人与社会公众之间实现了一种动态平衡,且符合专利契约理论的要求。然而,从宏观上探讨权利要求解释规则以及发展脉络,会发现权利要求书的功能

---

① 参见何晓平:《专利等同侵权研究》,西南政法大学 2009 年博士学位论文,第 25 页。

② "Catnic Components Limited and Another v. Hill & Smith Limited." Reports of Patent Design & Trade Mark Cases 99.9(1982):183-246.

③ 参见何晓平:《专利等同侵权研究》,西南政法大学 2009 年博士学位论文,第 27 页。

④ 参见徐棣枫:《专利权的扩张与限制》,知识产权出版社 2007 年版,第 316 页。

⑤ 参见江镇华:《关于专利侵权的判定》,载《中国法学》1988 年第 3 期。

⑥ 参见崔忠武:《论专利权保护范围界定的原则》,载《中共青岛市委党校 青岛行政学院学报》2009 年第 9 期。

弊端并未完全消除。虽然权利要求通常被认为是界定专利权的工具，而权利要求的构成要素是技术特征，真正作为权利边界的是具体的技术特征，即技术特征才是专利权真正的“篱笆”。

二、构筑专利权边界的元素：技术特征

(一)技术特征构筑专利权边界

倘若将权利要求看作一个集合(set)，技术特征显然就是集合中的构成要素，决定集合大小和边界的是具体的构成要素。正如我国《专利审查指南》规定的那样，技术方案是技术手段的集合。权利要求的内容为技术方案，技术手段通过技术特征展现。

从1811年出现的第一个权利要求的撰写方式可知，权利要求书的直接功能就是将专利与现有技术进行区分，从而以此主张本专利的专利权的保护范围。而与现有技术进行区分势必涉及技术的比对，即将权利要求记载的内容与在先技术进行比对。在先技术既可能是具体的有体物，也可能以书面技术资料的形式存在。在侵权判定中，权利要求需要与被控侵权行为实施的技术方案进行比对，即将书面记载的内容与专利方法或有形的产品进行比对。与现有技术区分体现的是专利权有效性的问题，专利权有效性和侵权判定都面临具体边界的问题，尤其是在以周边限定主义作为权利要求解释方式的情况下，判定更需要通过权利要求书的分解和比对来实现，权利要求分解后得到的技术特征充当了具体边界的界定。

在哲学上，对文本意义的理解与对事物的认识被看作两种不同性质的精神活动，文本是一种人类创建的符号，而事物是一种客观存在。[①] 将人类使用的语言符号与有形物进行比较，既需要理解权利要求所记载的内容含义，同时还需要认识有体物，将权利要求中的语言转化为或虚拟化解析为有体物，并将之与所比较的有体物对象进行比较；或将所比较的有形物对象抽象化为语言符

---

① 参见王金福、徐钊：《论对文本的理解与对事物的认识的区别——兼论解释学和哲学相互过渡的逻辑通道》，载《江苏社会科学》2010年第4期。

号,再将之与权利要求中的语言进行比较。

认识一个事物需从特征着眼,这或许就是权利要求分解为技术特征的直观理由。[①] 所谓"特征",意为一事物异于其他事物的特点,某一权利要求作为一个完整的技术方案,被列入权利要求的内容通常均属于技术特征,此处"技术特征"中之"特征"未必一定是异于其他事物的特点,否则就不存在比对的必要了。因此,与技术特征相比,在此用"构成要素"来表示所谓的技术特征相对要准确得多。参考亚里士多德对于事物认识的看法,对于一些未经分析的整体事物,只有在人们将整体中的元素和本原认识出来以后,才分析出整体事物。[②] 权利要求这个名称笼统地指称技术方案这个整体,而定义它或许就要将其分解成各个组成部分,只有分析权利要求的构成要素,才能分析权利要求所记载的范围。判断两个事物异同与否,需要将二者转化到同一维度或尺度进行比较,数学称之为归一化。无论是通过将权利要求与现有技术相比来判断新颖性,还是将权利要求与被控侵权行为实施的技术方案相比以判断是否侵权,都是寻求两个事物的同一性或差异性的过程。洛克在《人类理解论》中对同一性和差异性作出了说明,即将两个在不同时间和地点下的同性质事物进行比较,用以判断是否存在同一性或差异性。[③] 正如上文所述,笔者以集合理论来分析权利要求的构成问题,正是基于上述同一性理论,从而也可引入集合与集合之间的比较。有信息领域的专家给出了集合的比较方式,对两个集合中的元素一一作比较,即遍历集合中的每一个元素。[④] 以工程图类比,权利要求相当于一张工程图,表示有体物的符号化实施规则;工程图上的线条代表了有体物上的实体界线;而权利要求中的技术特征则表示了专利权保护范围的具体边界。

(二)技术特征运用所面临的问题

专利权被视为一种财产权,而权利要求书决定了专利权的保护范围,权利

---

① 参见熊文聪:《事实与价值二分:知识产权法的逻辑与修辞》,华中科技大学出版社2016年版,第69页。

② 参见[古希腊]亚里士多德:《物理学》,张竹明译,商务印书馆1982年版,第15页。

③ 参见[英]洛克:《人类理解论》,关文运译,商务印书馆1983年版,第302页。

④ 参见吴军:《数学之美》,人民邮电出版社2012年版,第146页。

要求范围的界定是专利确权和侵权判定的基础，而专利权的保护范围的边界则由技术特征来限定。技术特征作为专利法领域的重要术语，并未出现在《专利法》中，但在我国多个版本的《专利法实施细则》和《专利审查指南》中频繁出现。即使均未被定义，但在缺乏定义的情况下，技术特征仍在专利实务中被广泛使用。其中，《专利法实施细则》(2023 年)提及“技术特征”多达 12 次，《专利审查指南 2023》提及“技术特征”的表达更是有 248 处之多。“技术特征”进入行政法规和部门规章，无形之中赋予了“技术特征”术语以规范性。虽然赋予技术特征规范性意义和功能给专利实务带来了诸多裨益，但技术特征的规范性问题仍未得到专利法学界的重视。由于缺乏对技术特征的体系化认知和建构，在专利授权、确权和侵权判定实务中就会暴露出一些问题。确定专利权利要求的含义必然要求法官将权利要求的文本分解为离散的“构成要素”，或与构成权利要求的发明元素或单元相对应的文本单元，从而基本上将权利要求的语言组织为文本的“块”或“量级”。如果将一个“构成元素”狭义地限制为一个单词，专利权的范围就会倾向于缩小。相比之下，宽泛地定义一个“构成要素”往往会扩大专利权的范围。① 由此可见，技术特征划分的量级直接影响了权利要求的保护范围。权利要求的争议往往聚焦于抽象化水平的分歧，表面上看是文义上的争议，即权利要求解释对技术特征的抽象化水平的不同选择造成了法院判决的高反转率，但实际上还暗含着政策的考量。② 抽象化水平越高，被忽略的技术特征也就越多，权利要求的保护范围也就越大。此时基于政策上的考量，即可利用不同的抽象化水平来解释权利要求，从而左右权利要求的保护范围。政策考量的背后是价值判断，最终却被转介于文义的解释，导致价值问题被事实化，反而削弱了争议的理性化解决。

在美国专利法中，在技术特征保护范围的大小和抽象程度上并不存在成文

---

① See Dan L. Burk & Mark A. Lemley, *Quantum Patent Mechanics*, Lewis & Clark Law Review, Vol. 9:1, p. 29 (2005).

② See Tun – Jen Chiang, *The Levels of Abstraction Problem in Patent Law*, Northwestern University Law Review, Vol. 105:3, p. 1101 (2011).

法上的标准和规定，正如伯克和莱姆利所言，要想知道一项专利涵盖的保护范围，唯一的办法就是上法院，最终到上诉法院，当法官解释专利权利要求时，它们大约有40%的概率会被推翻。[①] 我国专利行政部门和法院在专利确权阶段，也就权利要求中的表达是否为技术特征之集合的技术方案存在不同的观点，可见技术特征还影响着可专利性的判断。[②] 北京市高级人民法院《专利侵权判定指南（2017）》第8条规定："技术特征是指在权利要求所限定的技术方案中，能够相对独立地执行一定的技术功能、并能产生相对独立的技术效果的最小技术单元……"最高人民法院的多个案例也从技术特征的划分的角度表述了技术特征的含义："技术特征的划分应该结合发明的整体技术方案，考虑能够相对独立地实现一定技术功能并产生相对独立的技术效果的较小技术单元。"[③]"技术特征的划分应该结合发明的整体技术方案，考虑能够相对独立地实现一定技术功能并产生相对独立的技术效果的最小技术单元。"[④]从中可以看出，实务界往往将技术特征与技术特征的划分视为相近的范畴，后者比前者多了"应该结合发明的整体技术方案"这一要素。

"相对独立""最小技术单元""较小技术单元"非但没有清晰地确定技术特征的含义，反而使技术特征的定义和划分变得模糊。因此，技术特征的划分不仅仅是权利要求的分解和抽象化问题，还涉及"技术单元"该归于哪一技术特征的问题，以及是几个技术单元合并为一个技术特征，还是将看似隶属于一个技术特征的多个技术单元进行拆分的问题。由此可知，上述定义并未消除具体案例中专利行政部门与法院之间、不同层级法院之间对于技术特征划分的不同观点，原因在于裁判者对于技术特征的理解和规则的适用存在差异。裁判者以追求技术事实为目标来探求技术特征划分的理由，以技术功能的不同抽象化程

---

① See Dan L. Burk & Mark A. Lemley, *The Patent Crisis and How the Courts Can Solve It*, The University of Chicago Press, 2009, p. 27 – 28.

② 参见张荣彦：《小小铆钉　一波三折——从一件"无效"案看专利法所称的"技术方案"》，载《中国发明与专利》2004年第10期。

③ 最高人民法院民事裁定书，(2017)民申字第3802号。

④ 最高人民法院民事判决书，(2020)最高法知民终426号。

度决定技术特征分解的量级,无疑是用事实问题来求解价值判断,难以成为解释其观点正当性的依据。

第三节 技术特征的概念考证

一、前专利法时代的技术特征:技术认识的工具

(一)我国前专利法时代的技术特征

专利法中的技术特征并非与专利制度同时产生,而是随着权利要求书制度的发展而产生的。因而,往前追溯"技术特征"术语进入专利法之前的含义和功能是有必要的,只有以此为基础,才能从历史和逻辑上正确分析"技术特征"如何进入专利法。

"技术特征"这一术语是一个组合词,即由"技术"和"特征"组合在一起,"技术"是对"特征"的限定。在现代汉语词典中,"技术特征"没有被作为一个词语对待,"技术"的含义为"人类在认识自然和利用自然的过程中积累起来并在生产劳动中体现出来的经验和知识","特征"的含义为"可以作为人或事物特点的征象、标志等"。通俗地说,"技术特征"被用于描述技术上与众不同的特点。笔者在中国知网上以"技术特征"为主题关键词进行检索,并按照时间升序进行排列,发现最早使用"技术特征"术语的文献为 1973 年发表于《山东纺织科技动态》的文章《新型环锭精纺机技术特征》,该文摘译自美国 1972 年的《纺织通报》。[①] 有趣的是,从 1973 年到 1984 年,提及"技术特征"术语的文献均是国外机器或设备的介绍。[②] 所以,笔者大胆推断,将"技术"和"特征"组合在一起使用是基于科技领域对国外技术资料的翻译偶然形成。因此,"技术

---

① 参见《新型环锭精纺机技术特征》,载《山东纺织科技动态》1973 年第 7 期。

② 参见李宝善:《目前国外专业唱机技术特征综述》,载《电声技术》1981 年第 4 期;金智才:《捷克喷水织机的技术特征》,载《上海纺织科技》1981 年第 6 期;何耀东:《瑞士罗瓦空调设备的技术特征》,载《建筑技术通讯(暖通空调)》1983 年第 4 期。

特征”这一术语并非一开始就用于专利法领域，而是在科技领域首先被使用，用于技术的描述和表达，是描述性而非规范性的，重在传递技术信息，表达的自由受到技术本身的限制。在我国创建专利制度和制定第一部《专利法》以后，技术特征术语所表征的技术描述功能仍在各个领域被使用。[①] 因此，“技术特征”术语在前专利法时代，乃至在专利法领域外，均充当了技术认识和技术表达的工具。

我国专利法之所以使用“技术特征”这个术语，主要是因为我国专利法借鉴和移植了德国的专利法，而当时德国以及欧洲国家的专利法中的“technischen Merkmale”“technical features”直译过来便是“技术特点”或“技术特征”。二者相比，“技术特点”表述更为口语化，并不适宜作为一个规范性术语。由于早期参与我国专利法立法和国际谈判工作的专家大多来自科技领域，而“技术特征”已在科技领域对国外技术资料的翻译中形成了使用习惯，[②]因此“技术特征”这一术语就这样被确定下来。由此可见，选择“技术特征”术语具有较大的偶然性。

（二）国外前专利法时代的术语考证

在英文语境下，通常使用“element”“technical feature”或“feature”表示技术特征。如《美国专利法》第112条f项提到技术特征：“一项组合的权利要求的构成要素（element），可以表述为为实现特定功能的手段（means）或步骤（step），而不必描述实现该功能的结构、物质或行为。”但对于什么是技术特征，美国专利法也没有下定义，司法判例中也没有明确的定义。[③]《德国专利法》使用“Merkmale”表示技术特征，并在其英文版中将之翻译为“features”。《德国

① “技术特征”作为技术事实的描述性概念，参见文豪：《技术特征、知识产权与技术创新：基于产业差异的分析》，东北财经大学产业组织与企业组织研究中心、中国工业经济学会、《经济研究》杂志社“2010年中国产业组织前沿论坛”会议论文，2010年7月24日－25日于大连。由此可见，作为技术事实描述使用的“技术特征”与在专利法领域使用的“技术特征”具有不同的含义。

② 参见赵元果：《中国专利法的孕育与诞生》，知识产权出版社2003年版，第1－30页。

③ 参见徐卓斌：《美国专利法上的“全部技术特征”规则》，载微信公众号“知产力”2016年9月10日，https://mp.weixin.qq.com/s/ssx8Xb0DtnRw_qMBd9N0CQ。

专利及商标局专利程序条例》用“technischen Merkmale”表示技术特征，并在其英文版中采用“technical features”的表述。[①]《欧洲专利合作条约》使用了“element”来表示技术特征。笔者在 Westlaw 网站进行案例检索，发现最早使用“feature”的案例为英国 1853 年的案例——Goodyear v. Central R. Co. of New Jersey 案，该案中还使用了“technical character”来表示技术特征。[②] Hovey v. Henry 案是笔者检索到的最早使用“element”表示技术特征的案例，该案例形成于 1846 年的英国。该案例提到，组合专利并不会因为表明每个零件或技术特征之前都已知并使用过而失效。[③]

《布莱克法律词典》(第 8 版)第 1576 页给出了“element”的定义：“对于一项现有技术参考文献要能预见到一项权利要求，它必须教导该权利要求的每一个构成要素(element)。”[④]而表示权利要求的“claim”的含义就来自“claim”的基本含义“A demand for a remedy or assertion of a right, especially the right to take a particular case to court (right of action)”[⑤]。同时，“element”多个含义中的一个含义便是“A constituent part of a claim that must be proved for the claim to succeed”。那么，专利法中的“element”表述作为构成要件或构成要素是否来自侵权法中“claim”的构成要件“element”呢？不妨先预设一个前提，若索赔“claim”与构成要件“element”的关联组合是从侵权法领域被转用于专利法领域，则在案例中组合使用势必首先出现在侵权法的案件中，反之则不然。故笔者以“claim AND element”作为关键词，再次在 Westlaw 网站进行案例检索，发现最早在同一个案例中提到“claim”和“element”的案件为发生于 1857 年的专利诉讼案件 Forbush v. Cook 案[⑥]，但由于在 Westlaw 网站每次检索只显示

---

① Vgl. Verordnung zum Verfahren in Patentsachen vor dem Deutschen Patent – und Markenamt, http://www.gesetze – im – internet.de/patv/index.html#BJNR170200003BJNE000100000.(abgerufen am 18. June 2022).

② See Goodyear v. Central R. Co. of New Jersey, 2 Wall. Jr. C. C. 356(1853).

③ See Hovey v. Henry, 12 F. Cas. 603(1846).

④ Bryan A. Garner, *Black's Law Dictionary*, 8th edition, Thomson Reuters West Press, 2004, p. 1576.

⑤ Elizabeth A. Martin, *A Dictionary of Law*, Oxford Unversity Press, 2003, p. 83.

⑥ See Forbush v. Cook., 9 F. Cas. 423(1857).

10000 条,故笔者将之与前述 Hovey v. Henry 案进行对比,发现 Hovey v. Henry 案也使用了"claim",故将 1846 年的 Hovey v. Henry 案认定为最早使用"claim"和"element"关联组合的案件。因此,大致可确定使用"claim"和"element"关联组合较早出现在专利法领域,而非侵权法领域,故可基本排除"element"来自侵权法的构成要件。从柯林斯英语词典网对"element"的定义中可以看出,专利法领域的"element"符合其基本的定义"The different elements of something are the different parts it contains"①,并将"component""part""feature""unit"等词作为"element"的同义词。专利纠纷案例经常将"element"与"part""component""unit"相关联或作为选择并列。

由此可见,即便在国外,"element"和"feature"仍然是基于物体本身的组成部分之基本含义被使用。正如前文亚里士多德在《物理学》中所提到的那样,需要通过事物的构成要素才能分析整体事物。因此,在专利法领域表征技术特征的"element"和"feature",在前专利法时代也是技术认识和表达的工具,并在专利法领域中获得了规范性。

二、专利法及司法中的技术特征:从技术特征术语梳理到定义

(一)权利人单方起草技术特征并作为排他权的边界

由于专利法将确定专利权的保护范围的权利要求书的起草任务交给了专利申请人,专利申请人就成了自己将要享有的专利权的起草者,使得专利权像是一种私定的权利。专利申请虽然要经过专利行政部门的审查和审批,但专利审查员一般仅对是否符合专利法要求作出原则性的审查意见,对专利文件的修改权仍然掌握在专利申请人手里。因此,核心问题便是技术特征的表达,那么它与技术表达又是何种关系?

专利申请人获得了权利要求书的起草权,出于理性经济人的考虑,专利申请人自然有扩大其权利保护范围的动机。扩大保护范围的目的与寻求权利的

---

① 《ELEMENT 释义》,载柯林斯英语词典网 2022 年 3 月 14 日,https://www.collinsdictionary.com/zh/dictionary/english/element。

确定性之间存在难以调和的矛盾，权利确定性的内在要求是技术特征表达的确定性。语言的概括性有利于使用者以最少的词语表达最宽的保护范围以及最大的信息量，而清晰的划界势必限制权利人的保护范围。基于撰写者的模糊化偏好，语言的模糊性和概括性被用于技术特征的表达中。[①] 绝对的确定性表达缺少一定的容错机制，在撰写者看来，模糊化表达的优势还在于其较高的容错机制，以避免确定性表达造成无法通过解释将被控侵权物纳入权利要求的保护范围。因此，在专利法领域，技术特征不仅要承担技术表达的功能，还要承担权利划界的功能，而技术特征之权利划界的功能又不可避免会受到权利人模糊化表达动机的冲击。正因如此，有学者将专利律师（代理师）称为“模糊大师”，认为他们是导致专利权不确定性的主要原因之一。[②] 技术特征表达的模糊性外部化给社会公众，尤其是给与该专利权相关的公众带来了附加的成本，同时也增加了专利制度的运行成本。技术特征的描述性功能使得表达具有任意性，除了需要遵循语言的规范和技术自身的规范外，并未受到规则上的限制。若不加以干预，技术特征将无法实现其权利划界的功能。

对技术特征施加形式主义的限制变得不可避免，《专利法实施细则》（1985年）就有 8 次提到了技术特征，对于技术特征在权利要求中的表述进行了限制。目前正在实施的《专利法实施细则》（2023 年）中有 12 次提到了“技术特征”，我国《专利审查指南 2023》有多达 248 处使用了“技术特征”。长达 498 页的与《美国专利法》相关的《美国专利法实施细则》有 49 次使用了“element”，对技术特征进行了更详细的限定。《美国专利审查指南》提到了 131 次“element”。奇怪的是，我国《专利法》从未提及“技术特征”，《美国专利法》也仅在涉及功能性限定的第 112 条中提及“技术特征”。专利法仅对专利权的实质性条件和保护范围等关键问题作出了原则性的规定，但就何种技术特征可以使得技术方案

① 参见陈文煊：《专利权的边界——权利要求的文义解释与保护范围的政策调整》，知识产权出版社 2014 年版，第 34 页。

② See Keith N. Hylton, *Patent Uncertainty: Toward a Framework with Applications*, Boston University Law Review, Vol. 96:3, p. 1117(2016).

在整体上满足这些实质性条件,以及如何根据技术特征来确定保护范围,已是专利法所不能及。此时,可操作性更强的实施细则和审查指南发挥了技术特征表达的具体限制功能。例如,《美国专利法实施细则》关于权利要求书撰写的部分规定,如果一项权利要求规定多个要素或步骤,那么权利要求的每个要素或步骤应以一行缩进分隔。① 可见,从可操作层面上,该规定倾向于在权利表达之初就使技术特征相对独立。词语的产生和使用并不总是与发明者保持同步,事物不是为文字而创造的,物先于语言而产生,为了克服语言的这种滞后性,专利法允许发明人成为自己的词典编纂者,即有权自己选择以何种符号来表达技术特征。② 如我国《专利法实施细则》(2023 年)第 22 条规定:"权利要求书应当记载发明或者实用新型的技术特征……权利要求书中使用的科技术语应当与说明书中使用的科技术语一致,可以有化学式或者数学式,但是不得有插图。除绝对必要的外,不得使用'如说明书……部分所述'或者'如图……所示'的用语……"

即便从撰写上约束申请人对技术特征的表达,对技术方案的抽象化仍无法避免技术特征指向对象的内涵与外延的不确定性。客观世界本身呈现出一种边界模糊的特性,这种边界模糊被称为"连续统"模糊,"连续统"模糊具有渐变和连续的特征。③ 例如,判断一个苹果的颜色红不红,在某些色度范围内是很难给出二值判断的。而对于确权阶段的创造性问题以及侵权判定问题,其本质上仍然可看作一个简单的二值分类,即有无创造性和是否侵权。因此,问题便聚焦于边界的确认,一旦达到创造性的阈值就授予专利权,一旦达到技术特征全面覆盖或者等同认定的阈值就判断为侵权。边界的确认利用了"简单中介"④的原理,而模块化判断则是"简单中介"的服务对象,确权和侵权信息被视

---

① Consolidated Patent Rules §1.75 Claim(s). (i) Where a claim sets forth a plurality of elements or steps, each element or step of the claim should be separated by a line indentation.

② See Autogiro Company of America v. The United States, 384 F. 2d 391. (1967).

③ 参见庞建荣:《模糊语言及其语境依赖性》,载《外语与外语教学》2008 年第 7 期。

④ See Henry E. Smith, *Intellectual Property as Property: Delineating Entitlements in Information*, Yale Law Journal, Vol. 116:8, p. 1742 – 1823(2007).

作一个个信息模块,参与主体只关注信息模块的表面及不同模块之间的边界,并通过理论和实践的经验让模块表面呈现的特征相对固定,以便进行重复性确权与侵权的认定。[①] 虽然,“简单中介—模块化”的方式降低了确权和侵权判定的成本,但终究未能解决如何在“连续统”模糊下确定边界的问题,因此仍需回到技术特征术语的起点上讨论如何发挥权利边界功能。

(二)立法和司法中的技术特征

正如上文所提到的在英文中,通常用“element”“limitation”“feature”等来表示技术特征,同时还有相近的表述“part”“component”“unit”,基于这些术语构建了以“claim”为核心的话语体系。“element”和“limitation”经常被混用,用以表示权利要求的组成要素。在 Perkin – Elmer Corp. v. Westinghouse Elec. Corp. 案[②]中,判决认为“element”是权利要求的部件或者实施例的部件,可以表示单个的“limitation”,但更多时候相当于一系列的“limitation”的组合,而“limitation”相当于一个“feature”。[③] 在全部要素规则(all element rule)中,“element”和“limitation”均可被视为权利要求的要素,若被控侵权物缺少某一限定“limitation”或缺少相应的等同特征,则视为不构成侵权。也就是说,在被指控的装置中,必须为权利要求的每一个“limitation”找到等同的特征,而构成等同的特征通常与权利要求相关的“limitation”存在于相应的“component”中,但未必一定要在相应的“component”中。例如,如果专利权人愿意,他可以将几个“limitation”组合起来用于等同的比对,这样相应的“limitation”则可能就在不同的“component”当中。[④] “part”和“unit”“component”同义,均表示权利要求中的组件。例如,等同原则中的等同物是指与发明中的一个要素或部分具有可替换性的被控侵权产品中的相应部分。[⑤] 在诸多案例中,这些术语被混合使用,

---

① 参见苏苗苗:《专利蟑螂滥用诉权行为分析》,载《清华知识产权评论》2020 年第 1 辑,法律出版社 2020 年版。

② Perkin – Elmer Corp. v. Westinghouse Elec. Corp. ,822 F. 2d 1528(Fed. Cir 1987).

③ See Corning Glass Works v. Sumitomo Elec. U. S. A. ,Inc. ,868 F. 2d 1251(Fed. Cir. 1989).

④ See Winans v. Denmead,56 U. S. (15 How.) 330,343,14 L. Ed. 717 (1853).

⑤ See Warner – Jenkinson Co. ,Inc. v. Hilton Davis Chemical Co. ,520 U. S. 17(1997).

造成术语不同层次或维度上的紊乱。在 Cornell University v. Hewlett – Packard Co. 案[①]中,就有这样的表述:"个别侵权部件和非侵权部件(component)必须一起出售,以构成一个功能单元(unit),或者是整机的部件(part)或者单个部件总成。"以上从实证角度分析案例中用于表征技术特征及与之相关的术语,可以看出术语之间的混用以及不同维度和层次的紊乱现象,这对于挖掘技术特征的内涵与外延产生了一定的干扰,因此有必要厘清上述术语之间的关系,从而进一步认识技术特征。

相应地,对我国技术特征相关术语的梳理,有利于统观中英文语境下的技术特征相关术语。我国以权利要求为核心,建立起由技术方案、技术手段、技术特征、组成要素和技术单元构成的话语体系。技术方案是指对要解决的技术问题所采取的利用了自然规律的技术手段的集合。技术手段通常是由技术特征来体现的。[②] "权利要求书应当记载发明或者实用新型的技术特征,技术特征可以是构成发明或者实用新型技术方案的组成要素,也可以是要素之间的相互关系……"[③]技术特征又与技术单元产生关联,即技术特征是指在权利要求所限定的技术方案中,能够相对独立地执行一定的功能,并能产生相对独立的技术效果的最小技术单元。由于概念的定义是由种差和邻近的属共同组成,因此,从这个角度看,技术单元是比技术特征更上位的术语,一些非技术特征的技术表达也可能被视为技术单元。技术方案与自然规律的关系决定了技术特征也需利用自然规律,但是从整体上理解技术方案并不要求每一个技术特征都需要利用自然规律。技术特征或技术手段的集合应当在整体上利用了自然规律并解决了相应的技术问题,因此不必对单个技术特征施加利用自然规律的限定。

将中英文语境、术语进行对比,很明显,英文表述中并不存在与"技术方案"和"技术手段"相对应的术语,而是直接建立了"claim"与"element"的联系,

---

① Cornell University v. Hewlett – Packard Co. ,609 F. Supp. 2d 279(2009).

② 参见中华人民共和国国家知识产权局制定:《专利审查指南 2023》,知识产权出版社 2024 年版,第 133 页。

③ 中华人民共和国国家知识产权局制定:《专利审查指南 2023》,知识产权出版社 2024 年版,第 155 页。

将“element”作为“claim”的组成部分。《布莱克法律词典》直接从“element”与“claim”的关系着手来给“element”下定义，将“element”作为“claim”的组成部分“component”，而非从“element”自身的属性出发来进行定义。

综上所述，中英文语境虽然都将技术特征作为重要的术语，但两种语言的不同表述存在差异。下文笔者将对上述情况进一步分析，并试图对比两种语境下的对应关系，以期对技术特征予以定义。

（三）技术特征的定义

术语或概念的定义是厘清术语或概念作用机理的前提。虽然法律未对技术特征进行定义，但根据技术特征术语的表述和演进，在中英文语境下，无论是字典还是司法实务，都给出了相应的定义。笔者拟检视技术特征的定义，并对其予以修正和完善，以期避免术语使用上的紊乱，使之建立在准确定义的基础上，尝试为在专利法中规范化使用技术特征奠定基础。

属加种差定义法包括被定义概念的邻近的属概念加上种差，种差是指被定义概念和它同层次的其他种概念相比较的差别，从而能从正面揭示概念的内涵，故本书采用属加种差的定义法来检视技术特征现有定义。① 在英文语境下，只有技术特征与权利要求的关系被提示了出来，却没有体现种差和邻近属概念，也就无法揭示技术特征概念的内涵。那么，再来考察技术特征的邻近属概念，实际上即技术特征的上位概念，从几个同义词“component”“unit”“part”的共性上归纳出“单元”“部件”。而技术特征并不仅指的是硬件，还有方法、步骤，以及从硬件上归纳无法涵盖方法和步骤的特征，因此从技术“单元”上概括更能体现其概括性。种差体现于其原有定义中所蕴含的独立性（discretely），这里的意思包含着某种可分离的含义。从等同的三要素法可知，等同技术特征体现的有功能、手段和效果三要素。对于技术特征来说，体现其独立性的是功能、手段和效果等。与等同判断不同的是，等同技术特征需满足功能、手段和效果三个要素基本相同；而限定技术特征是寻求差异的过程，能够体现与其他的技

① 参见黄伟力：《法律逻辑学新论》，上海交通大学出版社2000年版，第42－43页。

术单元的差异即可,只有 function(功能)既能承载差异又能聚合技术单元以进行区分。再结合司法判例对于“limitation”与“element”的区分,便可得出英文语境下的技术特征的含义是作为权利要求组成部分的且能相对独立实现特定功能的技术单元的结论。此时,结合表达习惯,“limitation”也可作为技术特征的邻近属概念,“element”的含义则可变换为作为权利要求组成部分的且能相对独立实现特定功能的一个或多个限定。

在我国专利法领域的语境下,有学者已经从功用的角度对技术特征作出了说明,认为“所谓的技术特征完全是为了对比需要对各种技术内容的规范,使之形成特征化”。同时,该学者也给出了与最高人民法院所下定义相近的定义:具有独立功能且能对整体技术方案产生独立技术影响的技术单元或技术单元的集合。[①] 在司法判断中,法院又对最小技术单元进行了限定:所谓最小技术单元,就是指在权利要求限定的技术方案中,能够相对独立地执行一定的技术功能并能产生相对独立的技术效果的技术内容。[②] 与英文语境下不同的是,我国对于技术特征的定义依然借助于“技术方案”这个术语,并在一定程度上赋予了技术单元以多维度信息,即功能和技术效果。因此,技术单元实际上被作为技术手段来对待,这也与我国《专利审查指南》的描述相一致。“最小技术单元”限定了技术特征划分的量级,“最小”又受到了“独立地执行一定的技术功能”的限制。因此,在中英文语境下都采用了技术功能分解法来划分技术特征,而技术功能存在上位功能和下位功能,对于功能的抽象化就决定了技术特征划分的量级,即最小技术单元。[③] 然而,实现某一技术功能的抽象化本身是独立于整体方案的,是否增加“最小”的限定并不影响技术特征本身的大小,而且使用“最小”会让人们从整体上考虑技术特征的划分,进而产生对定义的疑问。相比之下,“较小”的限定更符合技术特征划分量级的不确定性。

---

① 参见闻秀元:《如何对技术方案进行特征区别》,载程永顺主编:《专利侵权判定实务》,法律出版社 2002 年版。

② 参见最高人民法院民事判决书,(2020)最高法民再 125 号。

③ 参见于波、祖子涵:《知识产权鉴定中技术特征分解方法的选择——以专利为视角分析》,载《中国司法鉴定》2021 年第 6 期。

有必要说明的是，我国《专利法》引入的“技术方案”这个术语，在英文语境下更多被表述为“claimed invention”（本发明）。将“技术方案”引入的目的更像是为了进行保护客体的限定——利用自然规律的技术手段。从技术特征的功能和作用来看，并不需要引入“技术方案”。而《美国专利法》奉行的是阳光之下一切人造物皆可申请专利的理念，因此亦无引入“技术方案”之必要。[①] 综上所述，笔者同意此前学者提出的技术特征的定义，即具有独立功能且能对整体技术方案产生独立技术影响的技术单元或技术单元的集合。其中，技术单元或技术单元的集合既给技术单元的量级留下了解释的空间，又不影响技术特征的属性，且与美国司法判例将技术特征视为一系列限定或一个限定相符合。然而，笔者也必须承认，完全依赖于技术特征的定义来寻求技术特征划分的确定性是不现实的，但对技术特征术语和定义的分析仍有助于消除各种术语之间的混乱。

① See Diamond v. Chakrabarty, 447 U. S. 303, (1980).

第二章

以技术事实表达为基础的权利表达：技术特征的表达

承担专利权界定功能的技术特征以语言文字的形式表达，并在权利要求书中被固定。在语言学中，语言符号具有所指和能指两个要素：所指为概念，是抽象的；而能指是音响形象，是人类对语言符号认识的心理印记，是“物质”的。[①]从中得到的启示是，表征技术特征的语言符号之所指为与技术特征相关的技术事实，能指为语句。根据符号的任意性，将语言符号的语句与技术事实相关联是任意性的。在技术特征的表达中，由专利权人选择语句来实现技术特征的描述，专利权从而得以构建。专利法中的技术特征表达有着双重属性，包括技术事实的表达和权利的表达，而权利的表达以技术事实的表达为基础。由于技术特征用于确定专利权的边界，技术特征关于技术事实的描述需受到技术表达和权利表达的双重限制。

---

① 参见［瑞士］索绪尔：《普通语言学教程》，高名凯译，商务印书馆1980年版，第101－102页。

第一节 技术特征如何被表达

一、技术特征表达概述

(一)技术特征话语[①]的形成

技术特征的表达也是一种技术表达,通过技术特征的表达能够形成可实施的技术方案,并以语言符号的形式将之固定下来。虽然可以从语言符号来研究技术特征的符号面向和功能,但对于表达的形成仍需回归具体的话语或言词中,即如何形成技术特征表达的话语。话语的形成和使用是信息交流的需要,有赖于一定规模成员的认同,否则,自行设计的话语在缺乏相应解释的情况下,无法被其所在的语言群体识别和理解。虽然每项权利要求都被表达成一个句子,但从句子的组成来看,一项权利要求包含了多个分句,每个分句也可被看作相对独立的句子,而一个句子通常包括主语、谓语和宾语等组分。根据《专利法实施细则》(2023 年)第 24 条的规定,一项独立权利要求必备的就是前序部分和特征部分,权利要求的主题包含在前序部分。特征部分在《美国专利法》中也叫主体(body)部分。技术特征的表达实际上是权利要求如何撰写的问题,即围绕组件展开技术特征的限定,包括对组件的描述或组件之间的连接关系加以限定。对于以方法为主题的发明创造,则围绕方法步骤展开技术特征的限定。从分句的构成来说,主语一般为组件,并基于组件的描述形成技术特征以及相应的限定。可见,技术特征的表达需先确定组件的命名。例如,现有的术语中存在与弹簧等常规的组件相对应的名称,但专利申请人为了组件能涵盖更大的保护范围,会对其作上位化处理,如将弹簧上位化为复位机构。即便技

---

① 在英语语境中,话语对应 discourse,涉及篇章结构;句子对应 sentence;分句对应 clause。由于每个权利要求视为一句话,故其中的一部分通过使用 clause 来表示。本书所提到的“话语”包括句子和分句以及这二者的组成部分,不涉及篇章结构。在本书中文语境下使用的“话语”可以包含句子和分句,因此是适宜的。

术特征涉及一个全新功能的组件，仍可用现有的术语来描述它，也可通过足够上位的名称来命名（如第一部件等），或者由专利申请人自行创设名称。

事实上，为一个社会所接受的任何表达手段，原则上都是以集体习惯为基础的，或者，同样可以说是以约定俗成为基础的。[①] 那么，无论采用何种方式对组件命名，权利人的专利文件都将为组件提供如同字典一般的解释，以便受众理解。对于已经在本领域广为知悉的术语，权利人表达和受众理解的信息成本则相对较低。权利要求书和说明书作为权利要求解释的内部证据，充分使用这些内部证据将大大降低解释的信息成本。[②]

所谓技术特征完全是为了对比需要对各种技术内容予以规范化，使技术内容得以呈现特征化形式。[③] 特征化的描述意味着既要有选择地描述，又要将本发明的技术方案必不可少的技术特征纳入权利要求进行描述。有研究曾把权利要求的撰写方式称为"骨架原理"，所谓"骨架原理"是指界定专利权边界的权利要求仅仅跳跃性地记载了本发明必不可少的必要技术特征，既包括发明人认为的与众不同的"个性"特征，也包括与其他同类技术共同拥有的"共性"特征。[④] 在"骨架原理"中，技术特征成了支撑权利要求的"骨架"，超出"骨架"的多余描述是对技术方案的进一步限定，缩小了权利人原本能享有权利的最大范围。

（二）技术特征表达的要求

技术特征的表达遵循着对权利要求撰写的要求，《专利法》第26条第4款规定："权利要求书应当以说明书为依据，清楚、简要地限定要求专利保护的范围。"在美国的专利文件中，权利要求作为说明书的一部分置于说明书的最后。这与权利要求的起源有关，权利要求一开始就被放在说明书的最后，用以强调

---

① 参见［瑞士］索绪尔：《普通语言学教程》，高名凯译，商务印书馆1980年版，第103页。

② See Christopher A. Cotropia, *Patent Claim Interpretation and Information Costs*, Lewis & Clark Law Review, Vol. 9:1, p. 57(2005).

③ 参见闻秀元：《如何对技术方案进行特征区别》，载程永顺主编：《专利侵权判定实务》，法律出版社2002年版。

④ 参见陈文煊：《专利权的边界——权利要求的文义解释与保护范围的政策调整》，知识产权出版社2014年版，第26页。

要保护技术的核心内容。《美国专利法》第 112 条第 1 款规定:“说明书应包含对发明的书面描述,以及对发明的制造和使用方式和过程的书面描述,其内容应完整、清楚、简要和准确。”《美国专利法实施细则》第 1.75 Claim(s)(d)(1)条规定:“一项或多项权利要求必须符合本说明书其余部分所描述的发明,且权利要求中使用的术语和短语必须在说明书中找到明确的支持或先行基础,以便通过参考说明书可以确定权利要求中术语的含义。”概括地说,“清楚”和“简要”是权利要求撰写的主要要求,作为权利要求组成部分的技术特征也应满足这两个条件。

技术特征表达的“简要”要求显然与专利权人欲寻求保护范围最大化的动机不谋而合,但“简要”的同时又需要“清楚”地表达出技术特征,这对技术特征的撰写提出了更为严苛的要求。我国法院曾以“申请人理解上的错误及撰写申请文件缺少经验”为由,适用“多余指定”原则以排除权利要求中非必要技术特征的限定作用。① 由于权利要求是否“简要”系专利驳回和无效的理由,因此有案例对“简要”有直观的评价:“权利要求书中不得出现两项或者两项以上保护范围实质相同的同类权利要求,否则即为权利要求书整体上不简要。”②笔者通过检索因权利要求不简要而被认定为无效的权利要求,发现此类权利要求被认定无效均是由于多条权利要求保护范围实质相同。由此可见,将对司法实务精神的理解运用到技术特征中,就单个权利要求而言,不得存在两个或两个以上实质相同的技术特征。

技术特征表达得不清楚甚至错误,将直接影响权利要求所描述的技术事实的成立,并造成权利要求的保护范围不清楚。以一项“精密旋转补偿器”的实用新型专利(ZL200720128801.1)为例,该专利在专利权利要求 1 中的技术特征“外套管的另一端与延伸管连接,两者之间留有间隙”与说明书中的相应描述不一致:说明书中记载的是“外套管外侧是直通延伸管 5…… 延伸管 5 与内管 1 之间留有适当间隙”,然而外套管和延伸管之间是固定连接的,不可能留

① 参见北京市高级人民法院民事判决书,(1995)高知终字第 22 号。

② 北京市高级人民法院行政判决书,(2019)京行终 14 号。

有间隙。因此，对权利要求中发生错误的技术特征正确的解读应该是“延伸管5与内管1之间留有间隙”。[①] 由于权利要求中的技术特征撰写错误，该专利被全部宣告无效，直到最高人民法院再审判决时才得以纠正。[②] 可以说，技术特征表达的“清楚”比“简要”更为重要，对专利权的影响也更大。技术特征表达的“清楚”要求包含技术事实描述的清楚和权利表达的清楚，即使从技术事实描述来看是清楚的技术特征，从权利表达的角度来看也可能存在不清楚的地方。如在专利号为ZL200420091540.7、名称为“防电磁污染服”的实用新型专利侵权诉讼中，由于根据涉案专利说明书以及柏某提供的有关证据，本领域技术人员难以确定权利要求1中技术特征“导磁率高”的具体范围或者具体含义，不能准确确定权利要求1的保护范围，无法将被诉侵权产品与之进行有意义的侵权对比。最终最高人民法院明确指出该权利要求的撰写存在明显瑕疵，无法准确确定专利权的保护范围，不应认定被诉侵权技术方案构成侵权。[③]

综上所述，技术特征的表达系技术事实描述和权利范围确定的基础，专利法虽有原则性的要求，但技术特征撰写和表达是一项高水平的作业，不能出现明显的撰写错误以及模糊的概念和表述，否则将导致权利要求因不符合《专利法》第26条第4款的规定而被驳回或宣告无效。即便在确权纠纷中得以幸存，但又因无法准确确定专利权的保护范围，导致专利权人难以在侵权诉讼中获胜。

二、技术特征表达的规约性

（一）本领域普通技术人员视角下的语言规约性

语言符号的规约性是索绪尔语言学中的一个核心概念。[④] 索绪尔在提到

---

① 参见罗霞：《论〈专利法〉第26条第4款在权利要求存在撰写错误时的正确适用》，载《法律适用》2012年第9期。

② 参见最高人民法院行政判决书，(2011)行提字第13号。

③ 参见最高人民法院民事裁定书，(2012)民申字第1544号。

④ 参见张绍杰：《语言符号任意性研究——索绪尔语言哲学思想探索》，上海外语教育出版社2004年版，第102页。

符号不变性和可变性时，认为符号的能指看似自由选择，但对于使用它的语言团体来说却不是自由的，而是强制的——不管语言是什么样子，大众都得跟它捆绑在一起。[①] 语言的使用受到所在的语言团体之约束，并不能由表达主体自由地任意选择，否则无法被所在的语言团体理解。表达文本只有让受众理解才有意义，同一表达对于不同的受众群体所表现的意思可能是完全不同的。[②] 同样地，技术特征的表达受限于需理解该表达的公众，说明书的书面描述制度以及权利要求的公示公信原则均建立在技术特征准确表达的基础上。技术特征准确表达取决于是否被所在的语言团体理解，在专利法中，由本领域普通技术人员充当了这个语言团体。

"本领域普通技术人员"是贯穿专利法中的拟制人，坚持以本领域普通技术人员的视角审视技术特征表达是本领域普通技术人员客观化和共识性认识的前提。这一拟制实现了认识主体的客观化和共识性建构。确定一种以"技能水平"为内容的特定标准，即一种以明确、可通过客观证据证明的知识和能力水平为内容的标准，只有这样权利要求解释过程才可能产生相对清晰、稳定和一致的结果。[③] 说明书是为本领域普通技术人员创建的语境文本，本领域普通技术人员作为阅读专利文件的语言团体，具备利用说明书的技术水平和共识。因此，说明书提供了理解技术特征的语境，将权利要求的真实含义与专利说明书作一致的解释，才是最后的正确解释。[④] 有学者认为，作为拟制人的本领域普通技术人员与经济学和民法学中的理性人是一致的，并提出理性人标准在知识产权领域的适用。[⑤] 然而，理性人是持一定立场和注意义务的人，其主

---

① 参见[瑞士]索绪尔：《普通语言学教程》，高名凯译，商务印书馆 1980 年版，第 107 页。

② See William S. Blatt, *Interpretive Communities: The Missing Element in Statutory Interpretation*, Northwestern University Law Review, Vol. 95:2, p. 629 – 690 (2001).

③ 参见张小林：《论专利法中的"本领域普通技术人员"》，载《科技与法律》2011 年第 6 期。

④ See Phillips v. AWH Corp., 415 F. 3d at 1303 (Fed. Cir. 1996).

⑤ 参见杨红军：《理性人标准在知识产权法中的规范性适用》，载《法律科学（西北政法大学学报）》2017 年第 3 期。

观心态通常为一种利己心态;[①]而本领域普通技术人员并不存在主观偏向,其追求的是技术事实的客观判断。因此,本书在技术特征表达处将本领域普通技术人员理解为具有共同技术水平和技术表达共识的语言团体。有证据表明,本领域普通技术人员的标准依产业不同而有所区别。[②] 也就是说,本领域普通技术人员这一共识性的语言团体并非一成不变,而是随着技术水平的发展和技术领域的延展等变化。

（二）技术特征表达在不同技术领域的差异

在不同技术领域,采用的技术限定不同,技术特征的表达方式也有所不同。从表面上看,软件专利数量少但保护范围宽,生物技术专利数量大但保护范围窄。[③] 其背后的原因在于,软件专利在技术特征表达上具有更高的抽象性,因而在技术特征表达上的限定可以较宽,单个权利要求中的技术特征数量上也就偏少,较少的特征点降低了权利要求的创新度,从而较难达到创造性的高度。而对于生物技术来说,技术表达可采用化学式等更具确定性的表达,上位概括的空间有限,保护范围较窄,这就促使权利人以更换表达的方式来寻求更多专利数量,以求通过多个确定性高但保护范围窄的专利网来保护自己的技术。

在生物医药领域,以辉瑞股份有限公司在中国申请的一项申请号为201080011374.3的发明专利"磺酰胺衍生物"为例,该发明专利的权利要求采用了大量的化学式和专有名词,技术特征表达的语言符号为在该技术领域的普通技术人员中具有共识性的符号,普通公众较难理解其中的技术事实,故其从技术特征限定上具有很强的确定性,其所保护的技术方案也就更为具体。

在IT领域,"涉及计算机程序的发明专利申请的权利要求可以写成一种方法权利要求,也可以写成一种产品权利要求,即实现该方法的装置","如果全

① 参见刘宇:《后果主义道德评价的社会合作理论——以"囚徒困境"为视角》,载《南京师大学报(社会科学版)》2016年第2期。

② 参见[美]丹·L.伯克、马克·A.莱姆利:《专利危机与应对之道》,马宁、余俊译,中国政法大学出版社2013年版,第180页。

③ 参见[美]丹·L.伯克、马克·A.莱姆利:《专利危机与应对之道》,马宁、余俊译,中国政法大学出版社2013年版,第181页。

部以计算机程序流程为依据,按照与该计算机程序流程的各步骤完全对应一致的方式,或者按照与反映该计算机程序流程的方法权利要求完全对应一致的方式,撰写装置权利要求”。[①] 因此,对于计算机程序的装置权利要求,需要从表达上将计算机流程对应成虚拟装置,并对抽象化的虚拟装置采用“功能+装置”的方式命名。权利人自行撰写术语的自由度在IT领域被放大了,这弱化了本领域普通技术人员语言团体的共识性,专利权的确定性也因此降低。“懂行的人”只需要用一些特定的权利要求语言来描述一项与理应被驳回的权利要求难以区别的发明,就能轻易地使该软件获得专利权的保护。[②] 由此可见,不同技术领域的技术特征表达差异对专利权的确定性确有影响,对不同技术领域进行分类施策以达到精准激励是可行的路径,可以利用政策杠杆理论来针对不同技术领域进行精准激励,以达到专利法实施的统一尺度。[③] 就将技术特征表达的差异作为授权标准、权利要求解释的范围以及等同原则的适用等问题展开的研究,将为政策杠杆的实施提供微观的基础,并为观察专利法在不同技术领域的实施效果提供了新的视角。

第二节　权利要求解释下技术事实的确定

一、技术特征表达与技术事实的确定

(一)技术特征表达中的技术事实

技术特征表达虽然将抽象的发明创造转换为固定的文本,形成对技术事实的描述,但语言文本的解读在多方利益的冲突下常常会引发分歧,因此不得不

---

① 参见中华人民共和国国家知识产权局制定:《专利审查指南2023》,知识产权出版社2024年版,第285页。

② See Julie E. Cohen & Mark A. Lemley, *Patent Scope and Innovation in the Software Industry*, California Law Review, Vol. 89:1, p. 1 – 12(2001).

③ See Dan L. Burk & Mark A. Lemley, *Policy Levers in Patent Law*, Virginia Law Review, Vol. 89:7, p. 1575 – 1696(2003).

面临权利要求的解释。对于技术方案是否授权、如何确权和是否被侵权，从宏观上看是权利要求解释的过程，但在具体操作层面仍然是以技术特征的确定、划分和技术特征表达的解释为基础的。在语言与世界的关系中，实词是表达与世界有直接联系并主要因与世界联系而确定意义的词语，而实词又分为专名与通名，专门把一个事物与世界中的其他事物分开。例如，人们用 H_2O 来表示水，而为通名所表达的类包含的事物具有相似性。[①] 在表达事实与知识时，通名是必不可少的，通名包括事实词语和理论词语，在不同时期，同一认识领域的理论词语会发生变化，会出现一些新的理论词语，这种变化可能来自认识共同体的改变。[②] 在技术特征表达时，一般都包含有专名和通名，而引起语义争议的往往是通名，事实词语和理论词语均可能引发多方对于意思的不同解释。

由此可知，技术特征的表达只是固定了语言文本，即对表达进行了固定，而表达本身所辐射的语义范围却有赖于其他条件——表达的解释来实现。因此，技术特征表达的形式是固定的，据此确立的技术事实也是相对确定的。当然，也存在技术特征表达错误，由于其改正途径很有限，[③]难以在专利确权程序中得到纠正，技术事实无法查明，最终使得专利可能因权利要求不清楚而被驳回或宣告无效。在侵权阶段，技术特征表达错误将导致权利要求的保护范围无法确定，在无须进行技术比对的情况下就可能被法院认定为不侵权。[④]

（二）技术事实的确定

技术事实的确定虽基于技术特征的表达，但最终仍要迈向技术事实的查明和技术特征表达的解释。目前，我国正在探索多元化的技术事实查明机制，初步建成了以技术调查官制度为基石，以技术咨询制度、专家陪审员制度、专家辅助人制度、技术鉴定制度为重要组成部分的多元化技术事实查明机制，并制定

---

① 参见黄正华：《人文社会科学方法论》，社会科学文献出版社 2016 年版，第 117 页。

② 参见黄正华：《人文社会科学方法论》，社会科学文献出版社 2016 年版，第 117－122 页。

③ 参见孟睿、徐棣枫：《专利权利要求中的错误初探：错误的形式、改正的途径》，载《知识产权》2018 年第 11 期。

④ 参见最高人民法院民事裁定书，（2012）民申字第 1544 号。

和发布了《技术调查官手册(2019)》。[①] 上述技术事实查明机制与本书提到的技术事实查明存在差异,本书提到的技术事实查明意指基于权利要求中技术特征的表达形成的技术事实的查明和确认。我国现有的技术事实查明机制是贯穿于诉讼全程的技术事实查明,为最大限度地查明技术事实,经法官许可,技术调查官可以在法庭上发问,其发问会被记入庭审笔录。[②] 因此,现有的事实查明机制不仅包括专利文件记载的技术事实查明,还包括被控侵权产品的技术查明等涉诉的全部技术事实。

权利要求书和说明书作为内部证据可用于查明权利要求之技术事实,从而通过对技术特征表达的意思予以确认来消除各方关于技术事实的分歧。如在关于专利号为 ZL201520599224.9 的专利的行政确权诉讼中,一审判决和无效宣告决定书均以"权利要求 9 限定的下位技术特征限定权利要求 1 中的'凸起',将其限定为'呈点状离散分布于塔体内壁不同位置且相对于塔体内壁径向突出的部分'"[③]为事实依据。而在二审判决中,法院认为,"本专利权利要求 1 的'凸起'应理解为'相对于塔体内壁径向突出的部分',其既未限定'点状',亦未限定'离散'。从说明书来看,本专利系针对填料或板式结构反应器容易造成颗粒物堵塞和结构复杂的技术缺陷,以凸起实现延长废气在塔体内时间与运动路径、及与喷淋液充分接触的功能和效果。所属技术领域的技术人员通过对说明书的解读,可以理解前述'相对于塔体内壁径向突出的部分'的凸起均可实现该功能和效果"[④]。由此可见,技术特征表达中的技术事实确定并非简单的文本解释,通过其他权利要求和说明书记载的语境和表述可以有效确定技术事实。换言之,技术事实的确定与技术特征的解释是相互纠缠在一起的,技术事实的确定奠定了权利界定的基础,无法简单地予以分割,解释本身就是确

---

① 参见乔文心:《让"技术事实认定"中立、客观、科学》,载《人民法院报》2019 年 11 月 8 日,第 1 版。

② 参见宋晓明、王闯、吴蓉:《〈关于知识产权法院技术调查官参与诉讼活动若干问题的暂行规定〉的理解与适用》,载《人民司法》2015 年第 7 期。

③ 北京知识产权法院行政判决书,(2017)京 73 行初 3895 号。

④ 最高人民法院行政判决书,(2020)最高法知行终 57 号。

定技术事实的过程。本书认为，一审判决以从属权利要求的技术特征来解释权利要求 1 中的技术特征，实际上无形中将从属权利要求的技术特征加入到权利要求 1 中，从而缩小了权利要求 1 的保护范围。再者，从属权利要求对应的往往是更具体的限定或更佳的实施例，虽可纳入对权利要求 1 范围的解释，却不能将权利要求 1 的相关技术特征直接替换为该从属权利要求的相应技术特征，即在技术事实确定过程中不能以限定代替解释而将二者相混淆。根据最高人民法院《关于审理专利授权确权行政案件适用法律若干问题的规定（一）》第 2 条第 1 款的规定，人民法院应当以所属技术领域的技术人员在阅读权利要求书、说明书及附图后所理解的通常含义，界定权利要求的用语。权利要求的用语在说明书及附图中有明确定义或者说明的，按照其界定。这一规定也充分佐证了笔者观点。

二、技术事实确定中的形式主义与实质主义之争

（一）技术事实确定中的内部证据和外部证据

在权利要求解释中，包括说明书在内的专利文件被视为内部证据，而字典、教材等素材被视为外部证据。美国联邦巡回法院曾同时适用两种相互竞争的权利要求解释方法，这两种方法分别为“说明书决定论”和“词典决定论”，不同方法可能导致截然不同的结果。①

由于我国在立法中确认了说明书及其附图对权利要求的解释作用，故说明书及其附图实际上就成了优于外部证据的内部证据。但在各个国家的不同案例中存在内部证据和外部证据之争，例如上述“说明书决定论”和“词典决定论”。如美国的 Texas Digital Sys.，Inc. v. Telegenix，Inc. 案②，法院认为技术词典在解释权利要求时应该比说明书和审查历史记录的直接上下文更有分量。但在 Novartis Pharmaceuticals Corp. v. Eon Labs Manufacturing，Inc. 案中，美国

---

① See Kristen Osenga, *Linguistics and Patent Claim Construction*, Rutgers Law Journal, Vol. 38:1, p. 61－108(2006).

② Texas Digital Sys.，Inc. v. Telegenix，Inc.，308 F. 3d 1202（Fed. Cir. 2002）.

联邦巡回法院试图解释“hydrosol”(水溶胶)和“solution”(解决办法),并使用了多部字典,且中途又更换字典,存在字典被泛滥使用的问题。克莱文杰(Clevenger)法官对此持有异议:“字典无疑是协助进行权利要求解释的良好工具,但在本案中,多数意见只是过度使用字典,以致出现错误。”①

权利要求书具有专利权的公示公信功能,社会公众依据其所公示的权利要求范围行事。由于发明创造相对于语言术语的超前性,发明人自行定义相应术语不可避免,而自行定义的术语又难以找到各方认可的解释,故难以在本领域普通技术人员中形成共识。说明书和审查历史记录正好弥补了权利要求语境的缺失,为权利要求解释提供了内部证据。说明书随同权利要求书一同公开,完整审查历史记录也可依申请向专利局查阅和复制,社会公众能及时获取说明书和审查历史记录以解释权利要求。禁止反悔原则基于诚实信用,依据审查历史记录对专利权保护范围构成限制,这正是内部证据使用的例证。相比于外部证据的引入,社会公众对内部证据的使用更具有专利权在信息解读成本上的优势,充分利用说明书的内容将使权利要求解释的成本最小化。② 但内部证据有着先天性的缺陷:内部证据仅系权利人的一家之言,仅凭借内部证据可能无法揭示权利要求存在的表达错误等缺陷。例如,对一些术语的翻译错误,仅借助内部证据难以确认和发现,而外部证据的引入有效地补足了说明书和审查历史记录作为内部证据的缺陷。

(二)技术事实表达和解释中的形式主义与实质主义之争

在权利要求解释中,形式主义与实质主义、内部证据与外部证据是两个维度的术语,但二者存在紧密的关联。内部证据与外部证据关注权利要求解释的证据来源,而形式主义与实质主义则基于纯粹的文本主义解释与实质性的解释进行区分。运用字典等外部证据来解释权利要求可被认为是形式主义,而利用说明书上下文来解释权利要求也可被认为是实质主义。形式主义和实质主义

---

① Novartis Pharmaceuticals Corp. v. Eon Labs Manufacturing, Inc. ,363 F. 3d 1306(Fed. Cir. 2004).

② See Christopher A. Cotropia, *Patent Claim Interpretation and Information Costs*, Lewis & Clark Law Review, Vol. 9:1, p. 57 –92(2005).

在本质上并无两样，因为两者最终关心的都是现实的社会利益，只是对不同社会利益有不同侧重和不同取舍。[①] 可见，选择何种解释方法本身不仅是寻求技术事实的过程，同时也是价值判断的过程。建立在权利要求解释上的价值判断应当符合专利权的理论基础，在专利契约论下，公开的技术内容应与获得保护的范围相当，不应通过解释获得超越其所披露之技术的权利范围。在权利要求的公示公信原则下，权利要求解释应当符合社会公众的可预期性。权利要求解释同时还要考虑具体的案件因素，最终均是为了追寻本领域普通技术人员视角下的技术事实。

上述 Texas Digital Sys.，Inc. v. Telegenix，Inc. 案和 Novartis Pharmaceuticals Corp. v. Eon Labs Manufacturing，Inc. 案就曾过分地强调字典的作用，忽视了说明书上下文和审查历史记录的语境解读作用，以上案例通常被认为更强调权利要求解释中的形式主义。字典自身也存在时效性的问题，同一术语随着技术的进步和变迁，会发生概念和含义上的“漂移”，而字典所记载的含义被固化，造成了与本领域普通技术人员所认知含义的偏差。法院在解释一项专利权利要求时，应从本领域普通技术人员在完成发明创造时的技术水平出发，寻求一个术语的意义。[②] 不同的字典对同一术语的定义存在不同，可能由于字典选择的不同而影响裁判的结果。由此可见，权利要求解释中的形式主义由于过分强调单个词语的抽象化解读而忽视了技术事实的客观理解，这似乎成了形式主义的固有缺陷，进而可能导致权利要求偏离实际的技术事实，最终影响案件的裁判结果。与形式主义相反，权利要求解释中的实质主义更加重视在早期优选说明书中对权利要求的术语进行解释。[③]

在 Phillips v. A WH Corp. 案[④]中，原告的专利涉及一种抗破坏的模块化墙

---

① 参见桑本谦：《法律解释的困境》，载《法学研究》2004 年第 5 期。

② See Innova/Pure Water, Inc. v. Safari Water Filtration Systems, Inc., 381 F. 3d 1116 (Fed. Cir. 2004).

③ See Kelly Casey Mullally, *Patent Hermeneutics: Form and Substance in Claim Construction*, Florida Law Review, Vol. 59:2, p. 356 – 357 (2007).

④ Phillips v. A WH Corp., 415 F. 3d 1303 (Fed. Cir. 2005).

板，它包含位于内部的钢挡板，将之焊接在一起便可形成抗破坏的墙壁。美国巡回上诉法院首先基于词语的分析，排除了“baffles”（挡板）作为“手段＋功能”的功能性限定的可能性，从而认为说明书对该词语的解读不能直接构成对该词语的限定。同时法院也考量，在寻求确定权利要求的适当范围时，应该在多大程度上诉诸和依赖专利说明书。在出现争议术语的特定权利要求上下文和包括说明书在内的整个专利文件的上下文中，阅读和理解权利要求术语均以本领域普通技术人员为视角。该案从实质主义建构和解释了权利要求，基于说明书上下文和审查历史记录对“baffles”进行解释，在引入外部证据未必能获得更可靠的解释时，应先从内部证据的上下文进行考量。同时，考虑到“一项专利声称一项发明实现了几个目标，这一事实并不要求每一项权利要求被理解为局限于能够实现所有目标的结构”①，以避免将说明书的所有限制解读入权利要求。

有研究者将 Phillips v. A WH Corp 案中的权利要求解释方法总结为一种分层的实质主义方法，即优先采用说明书来解释权利要求书中的术语，并认为这种解释方式提高了解释的确定性。② 尽管如此，也可适当鼓励专利起草时的形式主义，权利人可利用多种工具从形式主义来进行技术特征的表达，对权利要求的术语选择进行字斟句酌，而在权利要求解释时，以分层实质主义方式就可得到本领域普通技术人员解读的含义，避免了与字典等外部证据有含义上的巨大偏差。因此，权利要求解释虽是寻求技术特征表达之技术事实的过程，但同时也是检验技术特征表达的过程，以权利要求解释促进技术特征表达的规范化。说明书在权利要求解释中的重要性源于它的法定性，重视说明书的起草对权利要求表达的支持，有助于提高技术特征的表达和解释的确定性。有学者基于美国联邦巡回法院的诉讼历史，结合专利法中权利要求的解释，编制了《权利要求解释的词典》，以此对权利要求中技术特征表达予以规范化的解释，并

---

① Liebel – Flarsheim Co. v. Medrad, Inc., 358 F. 3d 908 (Fed. Cir. 2004).

② See Kelly Casey Mullally, *Patent Hermeneutics: Form and Substance in Claim Construction*, Florida Law Review, Vol. 59:2, p. 333 – 382 (2007).

反过来指导技术特征的表达，从而为构建本领域普通技术人员的语言团体提供了丰富的素材。[①]

第三节　从技术事实到权利表达

一、技术特征表达中的事实问题与法律问题

（一）事实问题与法律问题

毫无疑问，权利要求中的技术特征表达描述了一种技术事实，它是陈述性的，但同时又构筑了专利权的边界，故而也是规范和评价的权利表达。这不禁让人有此疑问：技术特征表达的确定是事实问题还是法律问题？如何区分事实问题与法律问题？

英美法系和大陆法系均有在司法领域区分事实问题与法律问题的法律习惯。如在英美法系国家或地区，陪审团负责事实问题的审理，而法官负责法律问题的审理。在我国，法官虽然既负责事实认定，也负责法律适用，但二者仍然有相对的区分，如上诉理由需要区分事实认定错误和法律适用错误。在哲学上，所谓事实，就是人的实践和认识活动对象自身的客观存在状态。[②] 这种客观存在状态是一种已经发生的状态，并不随主体的意志而变化。从事实的分类看，可将事实分为客观事实与法律事实，客观事实符合上述事实的定义。但在案件中，由于事实发生的复杂性和人类认识的局限性，客观事实未必能够呈现，而裁判离不开事实基础，因此，只能借助法律的程序和规则确定案件事实，这里的案件事实就是法律事实。法律事实是指在法定的程序空间内，由多方诉讼主体依据既定的规则建构起来的一幅案件事实图景，它是某种法律裁决据以作出

---

① See Robert C. Kahrl & Stuart B. Soffer, *Thesaurus of Claim Construction*, Oxford University Press, 2011, p. 2 – 17.

② 参见孙伟平：《事实与价值：休谟问题及其解决尝试》，社会科学文献出版社 2016 年版，第 120 页。

的事实依据。[①] 可见,法律事实是经过法律程序"裁剪"的事实,与客观事实并非完全一致。法律事实仍然遵循事实发现理论,以求尽可能与客观事实相符,但法律事实终究不是法律问题自身。

法律是一种规范化的建构,法律问题指的是对已认定的事实按照法律规范应如何作出评价的问题。[②] 司法裁判中法律规范与案件事实的二分是法律教义学作业的需要,但截然二分也会导致法律规范与案件事实之间存在裂缝,如案件事实的复杂性远远超越了法律条文字面含义所能够覆盖的范围。[③] 尽管事实问题和法律问题的认定具有重要作用,但正如美国最高法院的一项裁决所承认的那样,"没有任何规则或原则可以将事实结论与法律结论准确区分开来"[④]。对事实问题与法律问题进行区分不得不面对这样的问题:既然事实问题与法律问题经常混杂在一起,又为何要进行区分呢?

在司法中,当事人负责主张"主要事实"并收集、提出证据加以证明,双方当事人围绕事实达成的一致意见对法院形成拘束力,而法律的检索和适用不受当事人的控制,属于法院职权的范畴。[⑤] 尤其在民事诉讼中,事实的举证责任在当事人,对事实的形成和证明的控制力掌握在当事人手中,法院只能通过证据规则等程序,根据双方所举证的事实居中裁判是否采信。法官的职业技能在于将事实涵摄于具体的法律规范,是法律适用的过程。因此,将事实问题与法律问题进行区分的意义在于:法官精于法律的适用但并不擅长事实的查明,事实确认需要借助于当事人双方的举证责任分配完成,此外还有赖于鉴定结论、专家证人等,以及在技术类知识产权类诉讼中引入技术调查官来查明技术事实。

(二)权利要求解释中的事实与法律问题

在司法实务中,早已对权利要求的解释进行了事实与法律的区分。在美

---

① 参见杨波:《法律事实辨析》,载《当代法学》2007 年第 6 期。

② 参见陈杭平:《论"事实问题"与"法律问题"的区分》,载《中外法学》2011 年第 2 期。

③ 参见泮伟江:《系统论法学视角下现代司法裁判中规范与事实的区分》,载《中国法学》2024 年第 6 期。

④ Pullman - Standard v. Swint, 456 U. S. 273, 288 (1982).

⑤ 参见陈杭平:《论"事实问题"与"法律问题"的区分》,载《中外法学》2011 年第 2 期。

国，起初权利要求解释一直被视为事实问题而由陪审团来审理。直到 20 世纪 90 年代，一些法院仍坚持认为，权利要求的解释对陪审团来说是一个事实问题，陪审团必须在审议专利权利要求是否有效和受到侵犯时作出决定。权利要求解释此前一度被当作技术事实问题，并未被作为法律问题对待，因此，在里程碑式的案例 Markman v. Westview Instruments, Inc. 案[①]之前，均由陪审团来确定权利要求解释问题。在 Markman v. Westview Instruments, Inc. 案中，美国最高法院确认，权利要求解释是法官的职责，并非陪审团的职责，因此，权利要求解释从技术事实确认转向了法律适用的问题。但正如美国最高法院的一份判决指出的那样，"没有任何规则或原则可以将事实结论与法律结论准确区分开来"。[②] 在我国的专利侵权诉讼中，在判断是否构成等同侵权时，上级法院往往以下级法院法律适用错误为理由认为下级法院结论不正确，但实际上指向的似乎是权利要求的区别技术特征认定，以及被控侵权产品是否构成等同的事实判断。[③] 在笔者看来，权利要求解释的目的在一定程度上仍然是技术事实的发现，权利要求解释作为一种特殊的解释，技术事实的发现和确定决定了专利权的有效性或专利侵权是否成立。因此，技术事实最终指向的是法律问题，需要运用专利领域中特定的解释规则并由具备相应技能的主体——本领域普通技术人员才能完成。因此，无论我们如何将权利要求解释区分为事实问题和法律问题，都无法掩盖其混合问题的属性。虽然司法实务常常将权利要求解释作为法律问题来对待，但解决法律问题的事实基础依然是技术事实问题。故而，这样的区分似乎仍是有必要的，寻求发明人就发明的技术内容所遵循的事实表达规律和事实发现规律，从而依据技术特征表达获得对技术事实的发现。技术特征作为构筑专利权的边界，遵循着权利表达的逻辑，权利表达直接关涉专利权的有效性，应从权利的正当性和权利的实质性条件考察技术特征的表达。

---

① Markman v. Westview Instruments, Inc. ,517 U. S. 370(1996).

② See Pullman – Standard v. Swint,456 U. S. 273,288(1982).

③ 参见最高人民法院民事裁定书，(2012)民申字第 137 号。

二、技术特征表达是权利的表达

(一)权利如何表达

在有体物中,占有一个物体是一种所有权的表达,在物权法上,可根据占有推定权利人。占有本身并不被视为一项权利,但是被看作一种对物的实际关系,即对物实施事实上的控制,根据占有状态而推导出所有权的存在。[①] 正如卡尔罗·罗斯(Carol M. Rose)所说,“占有需要一种沟通:通过主张,占有人与潜在利益相关方的听众进行沟通,判决占有案件的法院必须选择哪一组符号,相应地,也要选择哪一组听众”[②]。他曾用一个著名的案例 Pierson v. Post 案[③]来形象地阐述他的主张。在该案中,原告一直在一个无人占有的海滩上用猎狗追赶一只狐狸,就在这时被告突然出现并捕获了那只狐狸。这是一个需要采取什么行动才能占有野生动物的问题。多数人在大量引用权威资料后决定采用“特定控制”测试,而持不同意见的人则主张采用“紧追不舍”测试。这一案件通常被视为在鼓励猎狐努力的需要和明确规则的需要之间作出一种权衡,无礼的入侵者抓住狐狸的能力被认为降低了追逐狐狸的动机,对法庭来说,控制狐狸可能比追捕狐狸的标准更容易适用。[④]

从上述案例可知,确定所有权并不意味着一定以实际控制为标准,因此权利也开始脱离实际的“占有”,使实际占有与所有权相分离,占有既是一种事实状态,同时也是权利的符号表达,这种符号表达在所处的语言团体中具有共识性。例如,控制狐狸和追捕狐狸作为两种取得占有狐狸的标准,哪种符号表达更符合当地语言团体道德习惯,哪种就是法院需要考量的,也就是说,该符号表

---

① 参见张新锋:《专利权的财产权属性——技术私权化路径研究》,华中科技大学出版社2011年版,第86-87页。

② Carol M. Rose, *Possession as the Origin of Property*, University of Chicago Law Review, Vol. 52:1, p.73-88(1985).

③ Pierson v. Post. ,3 Cai. R. 175 (N. Y. Sup. Ct. 1805).

④ See Henry E. Smith, *The Language of Property: Form, Context, and Audience*, Stanford Law Review, Vol. 55:4, p. 1118(2003).

达面向的是受众之道德共识。因此，确定所有权开始脱离实际的占有，并随着占有技术的变化而发生变化，进而取得所在语言团体的认同。逐渐地，在部分财产权中，占有制度开始让位于登记制度，通过登记制度确定车辆、土地等资产的所有权，登记成了权利表达的又一种符号形式。

（二）专利权依靠表达实现拟制占有

先申请制和先发明制都是确立专利权的一种权利的初始表达，发明人提交一项专利申请就意味着其意图占有其所声称的排他权范围，即使发明人将技术公之于众而未选择私权化，也是一种对权利进行处分的表达。当发明人将发明创造构思于脑海中的时候，并无外在的、可被识别的权利表达，此时发明人无法通过手段构思行为占有脑海中的发明创造。《美国专利法》曾经以先发明制来确定具有专利申请权的资格，要证明发明人首先完成该发明创造，势必要通过书面记录或发明创造实物等形式。在法律的认可下，这些都成为其具有专利申请权的一种符号表达和拟制的先占。在先占理论下，通过先占的行为表达形成占有的事实，从而获得社会的认可并取得财产权。通过先占获得无主物的所有权，可类比通过占有获得创造性知识产品之财产权。[①] 随着人类抽象化能力的进步，将无形的技术固定于书面的权利要求作为彰显权利的表达已为人们所接受。我国学者则将知识产权中的占有制度归结于与物权法领域占有相对应的准占有。[②]

在笔者看来，上述“准占有”乃是一种拟制占有。在拟制占有之下，权利人通过权利要求中技术特征的表达私定了权利的初始范围，正如先占理论下通过篱笆进行圈地来获得相应的财产权。因此，专利权作为私定的权利，仍然契合拟制占有的条件。专利权的登记公示是占有的一种演变，专利权的公示满足了如物权等绝对权的公示公信的功能，并被作为权利的表征。社会公众基于专利

---

① See Russ VerSteeg, *The Roman Law Roots of Copyright*, Maryland Law Review, Vol. 59:2, p. 522 - 552(2000).

② 参见谢在全：《民法物权论》，中国政法大学出版社 1999 年版，第 1033 页；陈华彬：《物权法原理》，国家行政学院出版社 1998 年版，第 822 页。

权公示的公信力和由此产生的合理信赖，在未经许可的情况下不得“涉足”专利权的保护范围。然而，知识产权的相容性导致准占有在适用上存在“天生”缺陷，这导致知识产权的排他性只能通过诉讼来实现，而无法根据权利的属性自然地排他。

有学者质疑准占有在知识产权中的适用：“知识产权客体独特的非穷竭性和非排他性导致其无法成为占有的标的物；如果要对知识产权本身适用准占有，也往往无法发挥准占有制度的法律效力，甚至会在实践中产生种种矛盾和混乱。”①对此，笔者持有不同意见：一方面，不能因为知识产权上技术信息无法由权利人控制而全盘否定拟制占有的适用；另一方面，知识产权排他权的设计、侵权损害赔偿请求权和惩罚性赔偿制度的组合压缩了未经许可使用他人知识产权的空间，从制度上实现了权利人对知识产权的控制，因此可以回应上述质疑。在笔者看来，发明专利权的临时保护是基于专利技术公开的一种拟制占有，在发明专利权授权前赋予其临时保护是对基于准占有之法益的积极肯定和保护。最后，从制度设计上，专利权适用拟制占有仍留有一点遗憾，因为即便权利人拟制占有某一技术方案，也并不意味着权利人有实施的自由，权利人实施其所持有的专利权也可能落入在先的、保护范围更大的专利权内，在先的专利权对本专利权造成了权利上的限制。

三、专利权的拟制占有对技术特征表达的限制

（一）占有制度对技术特征表达构成限制

技术特征表达圈定了专利权的保护范围。作为私定的专利权，如何进行技术特征表达不仅受到技术规范和语言的限制，还受到专利权自身机制的限制。权利人不能占有发明创造之外的范围，由技术特征集合而成的技术方案应当满足新颖性和创造性等实质性条件的要求。西方学者将信息公开与权利专有的现象解释为契约对价关系，其思想观点源于社会契约论。② 在专利契约理论

① 刘家瑞：《论知识产权与占有制度》，载《法学》2003 年第 10 期。

② 参见吴汉东：《法哲学家对知识产权法的哲学解读》，载《法商研究》2003 年第 5 期。

下,技术特征表达所圈定的权利范围应与其所披露的技术相当,二者存在对价关系。因此,技术特征所表达的范围需要得到说明书披露之技术的支持。

我国《专利法》第 26 条第 3 款规定了可实施的书面描述要求:"说明书应当对发明或者实用新型作出清楚、完整的说明,以所属技术领域的技术人员能够实现为准……"《美国专利法》第 112 条第 1 款也规定了可实施的书面描述要求:"说明书应包含对本发明的书面描述,以及制造和使用它的方式和过程,用完整、清晰、简洁和准确的条款使任何本领域普通技术人员能够同样地制造和使用它,并载明发明人或者共同发明人设想的实施该发明的最佳方式。"上述法律规定为专利申请人设定了一项重要的义务,即要求专利申请人在说明书中对发明及其可实施性进行书面描述,充分披露其发明创造。① 本领域普通技术人员可实施的书面描述为占有专利权的保护范围设定了共识性的标准,同时书面描述也是检验为技术特征表达所圈定的保护范围的依据之一,也是专利权产生推定效力的基础条件之一。

在 2013 年之前,《美国专利法》采用先发明制,通过结合最先构思发明创造和最终实施发明创造的时间判断谁具有发明申请权:"在决定本款规定的发明优先权时,不仅应考虑发明的构思和付诸实施的各自日期,还应考虑最先构思和最后付诸实施的一方在另一方构思之前所做的合理努力。"因此,可实施的测试标准在发明人资格的判断上有着重要作用,即在专利申请文件提交前,依此认定实际占有发明创造的人,以赋予其专利申请资格。这也契合了占有制度的产权分配形式。专利权作为无形财产权,其制度设计受到财产法的影响,美国法院解释、明确书面描述规则的理论基石也是占有理论。② 在 Ariad Pharmaceuticals, Inc. v. Eli Lilly and Co. 案③中,美国联邦巡回上诉法院认定,涉案专利因不符合《美国专利法》第 112 条第 1 款要求的充分的书面描述要求而无

① 参见徐棣枫等:《专利权的不确定性与专利诱饵的法律规制》,知识产权出版社 2019 年版,第 113 页。

② 参见吕炳斌:《单独的"书面描述"要求理论探析》,载《电子知识产权》2010 年第 10 期。

③ Ariad Pharmaceuticals, Inc. v. Eli Lilly and Co., 598 F. 3d 1336 (Fed. Cir. 2010).

效，并认为无论是基于专利法还是司法判例，都可推定《美国专利法》规定了两个相互独立的书面描述要求，一个是对发明的书面描述要求，另一个是对制造和使用发明的方式和方法的书面描述要求，而对发明的书面描述要求独立于对可实施性的书面描述要求。[①] 在上述判决中，法院以占有理论论证书面描述规则，认为专利说明书的书面描述要求适用于所有权利要求，并要求专利说明书客观地证明申请人实际上发明了权利要求所对应的标的物；书面描述要求没有对修改前后的权利要求适用不同标准。[②] 因此，专利的可实施性和独立的书面描述要求间接地对权利要求中技术特征的表达和修改提出了要求。

（二）从可实施要求和书面描述要求反观技术特征表达

正如前文所述，占有与所有权相分离仅代表一种事实上的占有状态。发明人完成发明创造仅仅是一种事实上的占有，还不能从法律上获得排他性的占有。[③] 根据《专利法》第 33 条以及《专利法实施细则》（2023 年）第 57、58 条，专利申请文件成为记载这种事实上占有权利的凭证，这一凭证的时间被固定于申请日，因此不能被随意修改，法律为此规定了主动修改的时机以及修改的限度，但无论如何都不能超出原始申请文件的记载，否则将改变事实上占有的内容和范围。根据最高人民法院《关于审理侵犯专利权纠纷案件应用法律若干问题的解释（二）》第 4 条，对于权利要求中明显错误的纠正也应遵循同样的逻辑，以确认权利人申请文件事实上占有的范围为限，即"权利要求书、说明书及附图中的语法、文字、标点、图形、符号等存有歧义，但本领域普通技术人员通过阅读权利要求书、说明书及附图可以得出唯一理解的，人民法院应当根据该唯一理解予以认定"。因此，技术特征表达的修改需严格限定在原始申请文件记载的或可以从中直接地、毫无疑义地得出的范围内，否则申请人有可能将申请日之前未曾事实占有的范围在申请日之后的修改中加以占有，从而不当地缩限了

---

① 参见徐棣枫等：《专利权的不确定性与专利诱饵的法律规制》，知识产权出版社 2019 年版，第 116 页。

② See Ariad Pharmaceuticals, Inc. v. Eli Lilly and Co., 598 F. 3d 1336 (Fed. Cir. 2010).

③ 参见徐棣枫等：《专利权的不确定性与专利诱饵的法律规制》，知识产权出版社 2019 年版，第 264－265 页。

社会公众可能的创新空间或私权化路径。

在美国的先发明制下，专利的可实施要求发生于形成书面描述之前，以此判断发明人是否具有专利申请资格。可见，专利的可实施要求和书面描述要求是两个独立的要求。在可实施的要求下，说明和限缩也应当符合技术事实，技术特征的表达需遵循基本的技术规范，不能造成无法得到唯一解释的错误，否则在技术事实基础存在缺陷的情况下难以支撑专利权的排他性范围。在关于专利号为 ZL201310111864.6 的专利的无效宣告请求程序中，权利要求 6 记载了附加技术特征"每 10ml 肝素钠封管注射液"，请求人指出，本专利权利要求 6 修改超范围，不符合《专利法》第 33 条的规定。专利权人表示，该附加技术特征中有关"每 10ml 肝素钠封管注射液"的表述存在明显错误，其正确表述应为"每 1ml 肝素钠封管注射液"。第 26746 号《无效宣告请求审查决定书》认为，"由于'每 1ml 肝素钠封管注射液中含内毒素的量小于 0.5EU'并非本领域在细菌内毒素检查中唯一合理的用量，因此，明显错误的理由不能成立"①。很显然，"每 10ml 肝素钠封管注射液"并非具有可实施性的技术特征，即便该表述与权利人实际占有和想占有的范围不一致，但由于其本身的不可实施性，因此同样不符合《专利法》第 26 条第 3 款的规定。而权利人又欲通过"每 1ml 肝素钠封管注射液"来纠正技术特征表达中的错误，但这又超出了原始申请文件记载范围，即超出了原始占有的范围，故而专利申请因修改超范围而被宣告无效。

一般而言，说明书的书面描述要求被认为具有向社会公众公示和教导的功能。竞争对手通过专利权的公示功能和书面描述要求判断专利权人实际占有什么并进行规避设计，这可能会创造出渐进式和后续的累积创新，但其驱动力是专利权的范围，而不是专利的教导功能。② 可见，披露发明者拥有的东西为

---

① 参见第 26746 号《无效宣告请求审查决定书》，载国家知识产权局专利复审和无效审理部网站，https://cpquery.cponline.cnipa.gov.cn/detail/index?zhuanlisqh=XyUyzD555vNOxHDD9WWmyw%253D%253D&anjianbh，2025 年 4 月 8 日访问。

② See Clarisa Long, *Information Costs in Patent and Copyright*, Virginia Law Review, Vol. 90:2, p. 465 – 468(2004).

竞争对手提供了如何避免落入专利权的指导。书面描述要求的教导功能受到了研究者的质疑,专利权的公示和书面描述要求假定第三方确实阅读了专利和受到专利文件的教导,但有充分的理由相信他们在很多时候并没有阅读专利和获得教导的启示。① 在专利信息爆发的时代,专利信息的搜寻成本大大增加,专利的书面描述要求产生的技术教导功能被弱化,取而代之的是专利有效性的关联,即权利人是否实际占有其声称的保护范围。

2003 年 4 月 28 日,美国劲量控股集团(ENERGIZED)及其下属的永备(EVEREADY)电池公司向美国国际贸易委员会(ITC)提交申请,指控包括中国企业在内的 24 家企业侵犯了其无汞碱电池专利权,要求对这些企业启动 337 调查。② 2004 年 6 月 2 日,ITC 内部行政法官对该案件作出初裁,认定中国企业生产的无汞碱锰电池侵犯了美国劲量控股集团有效和可执行的 5,464,709(“709 号”)专利。2004 年 6 月 9 日,中国企业联合上诉,要求 ITC 对初裁结果进行全面复审。2004 年 10 月 4 日,ITC 经复审对该案作出最终裁决:美国劲量控股集团“709 号”专利因不具备确定性而无效,中国应诉企业不构成侵权。美国联邦巡回上诉法院就美国劲量控股集团诉中国电池企业碱锰电池专利侵权案作出裁决,维持 ITC 的裁定,即美国劲量控股集团因在其“无汞碱锰电池专利”权利要求书中对该项专利的核心定义模糊不清,而专利说明书也不能以文字语言完整、清晰地表述其所申请的专利,因此不符合《美国专利法》对于专利必须具有确定性的要求,进而该项专利无效,中国电池企业没有侵犯其专利权。③ 在该案中,《美国专利法》中的确定性要求和书面描述要求均可用于判断权利人是否实际占有“709 号”专利,故书面描述要求亦可说明权利要求得不到说明书的支持。由此可见,权利人在撰写时不应过分追求权利要求中技术特征表达带来的模糊性。模糊性是一把“双刃剑”,权利人想从权利的模糊性中

① See Timothy R. Holbrook, *Possession in Patent Law*, SMU Law Review, Vol. 59:1, p. 147(2006).

② 参见刘华:《中国电池胜诉“337 调查”》,载《21 世纪经济报道》2006 年 2 月 24 日,第 18 版。

③ 参见龚柏华、顾安琪:《美国联邦巡回上诉法院否定中国电池企业出口产品侵犯美国企业专利(“337 条款”)案评析》,载《国际商务研究》2008 年第 4 期。

获利，势必需要克服权利本身的不确定性，并满足书面描述的要求，否则这种模糊性将动摇专利权的权利根基，从而造成专利权的推定效力被否定的严重后果。

第三章
技术特征对专利权的影响：基于技术特征划分的考察

技术特征的表达确定了权利要求中的技术事实和保护范围。权利要求对技术方案的保护有赖于技术特征的作用，在专利申请的审查程序、确权程序和侵权纠纷中均需基于技术特征来判断，因此，只有剖析技术特征的作用机理，才能把握技术特征对专利权的影响。在这个过程中，权利要求的分解和技术特征的划分是实现上述功能的前提。在确定和解释权利要求的含义的过程中，会对技术特征逐个进行阅读和确定含义，在争议之时甚至可能围绕一个词语进行争论和博弈。技术特征的比对是专利权有效性和侵权判定的前提，因此，要确定专利权利要求书的含义，法官必须将权利要求书的文本分解成离散的技术特征或文本单位，这些技术特征或文本单位对应构成技术方案的组成部分，本质上就是将权利要求书的语言组织分解成“文本块”或“文本量”。①

---

① See Dan L. Burk & Mark A. Lemley, *Quantum Patent Mechanics*, Lewis & Clark Law Review, Vol. 9:1, p. 29(2005).

第一节 技术特征的作用机理

一、技术特征功能发挥的前提:权利要求分解与技术特征划分

(一)权利要求分解与技术特征划分

权利要求分解与技术特征划分系采用不同对象来描述同一事物,如前文所述,将权利要求看成技术特征的集合,权利要求分解就是将集合中的元素解析出来,而技术特征划分则是将集合中的元素区分开来,二者并无本质的不同。因此,在本书的行文逻辑中会将二者混合进行使用,以求自洽,总体上尽量使用技术特征划分的表述。在实务中,如何进行技术特征划分与技术特征的表达有着极其密切的关联。由于《美国专利法实施细则》对权利要求的撰写提出了分段式的写作要求,美国专利实务界长期形成了将技术特征分段描述的撰写习惯。[①] 美国申请人在中国申请专利也沿袭了这种撰写风格。在这种撰写方式下,由于技术特征被分段描述,技术特征划分可直接根据文本的划分来实现。然而,当所涉及的限定牵涉多个技术特征时,就难以辨别如何将其归入某个技术特征。再者,即使将多个限定写在同一段落中,在实际进行技术特征划分时还是会被再次解构成多个技术特征。[②]

由于我国《专利法实施细则》存在关于独立权利要求中前序部分和特征部分的规定,因此在我国专利撰写实务中,独立权利要求通常采用两段式格式,两段之间用“其特征是”分隔开,与《美国专利法》要求的将技术特征分段的形式存在较大差异。[③] 如刘某贵与台州市丰利塑胶有限公司侵害实用新型专利权

---

① Consolidated Patent Rules §1.75 Claim(s). (i) Where a claim sets forth a plurality of elements or steps, each element or step of the claim should be separated by a line indentation.

② See Perkin - Elmer Corp. v. Westinghouse Elec. Corp., 822 F.2d 1528(1987). 该案中所涉及专利权的独立权利要求1的最后一段在技术特征划分的时候被划分成了3个技术特征。

③ 参见吴观乐:《发明和实用新型专利申请文件撰写案例剖析》(第2版),知识产权出版社2004年版,第13页。

纠纷案[①]，其中的涉诉专利 ZL200510060680.7 就采用了上述典型的两段式结构来描述独立权利要求：

> 一种可调节的婴幼儿座椅，它包括两根前腿(1)和两根后腿(2)，前腿(1)与其所对应的后腿(2)相铰接，且铰接处位于前腿(1)和后腿(2)的顶端，在每根前腿(1)上均套有一个椅体座(3)，椅体座(3)可沿前腿(1)上下滑动，在两个椅体座(3)之间固连有横杆(4)，椅体(20)设置在横杆(4)上，其特征在于，
>
> 所述横杆(4)的两端分别固连有调节座(5)，所述调节座(5)上设有若干卡槽(6)；在椅体(20)的靠背处设有一个能移动的调节拉杆(7)，调节拉杆(7)上分别设有与上述调节座(5)上的卡槽(6)相卡配的销体(8)，所述的调节拉杆(7)呈 U 型，其两端分别套设有弹簧(9)，在弹簧(9)的外围套有孔径小于弹簧(9)直径的套体(10)。

这种撰写方式很难凭借文本直接地进行技术特征的大致划分，需要甄别其中技术特征所描述的部件以及部件之间的连接关系，再结合整体技术方案和技术特征发挥的相对独立之功能来判断。

有学者提到，所谓技术特征完全是为了满足对比需要才对各种技术内容进行规范，使之形成特征化。[②] 但实际上，权利要求中的文字表达内容本身不具有特征化的格式，写进权利要求的内容均需要进行比对。[③] 如此一来，不得不面对以下问题：是否一定要进行技术特征的划分？是仅仅出于对比的需要，还是其本身就应基于权利要求的分解对技术特征进行划分？在现有专利类型中，由于实用新型只要初审合格即可授予实用新型专利权，不用经过实质性审查程序，因此审查员在审查实用新型专利申请时，一般不需要将权利要求表达的技

---

① 最高人民法院民事裁定书，(2017)民申字第 3802 号。

② 参见闻秀元：《如何对技术方案进行特征区别》，载程永顺主编：《专利侵权判定实务》，法律出版社 2002 年版。

③ 参见朱映坪：《专利侵权比对中权利要求技术特征的拆分规则研究》，华东理工大学 2021 年硕士学位论文，第 23 页。

术特征与现有技术进行对比，也就不存在技术特征划分的需要。但对于明显不具有新颖性和创造性的实用新型申请，审查员会根据其获得的有关现有技术的信息进行审查。[①] 然而，一旦进入确权的无效请求程序中，请求人往往会提出相关现有技术来否定其新颖性和创造性。实用新型专利权未经过实质性审查，其推定效力较弱。[②] 根据最高人民法院《关于审理专利纠纷案件适用法律问题的若干规定》第4条第1款，提起侵犯实用新型专利权诉讼的原告，可以在起诉时出具由国务院专利行政部门作出的检索报告。若实用新型专利权的权利人提起侵权之诉，其通常也会被法院要求提供专利评价报告。无论是通过无效程序确权，还是以侵权前的专利检索报告或专利评价报告出具为事由起诉，抑或将权利要求与被控侵权产品进行侵权判定，它们最终都将面临技术特征的比对。对于发明专利申请，即便审查员在实质性审查阶段未能找到影响新颖性和创造性的X类和Y类文献，搜寻现有技术的过程本身也是技术特征划分和与现有技术比对的过程。

综上所述，技术特征划分是技术特征发挥作用的前提，在划分的基础上进行技术比对，可判断技术方案是否满足新颖性和创造性的要求，以及判断被控侵权产品是否落入权利要求的范围，是否构成相同侵权或等同侵权。

（二）技术特征划分中的抽象化

在Baker v. Selden案[③]中，美国最高法院关于思想与表达的区分被认为是思想与表达二分法的正式起源。基于Baker v. Selden案，可版权的客体，公有领域、可版权的客体与可专利的客体被明确划分。在版权领域，对侵权行为与合法利用行为的界分，一般采取思想与表达二分法和抽象观察法，在实质性相似的分析中，应以抽象观察法为主。[④] 思想与表达二分法被用来区分版权保护客体的界限，使版权的权利范围具有一定的可预期性。虽然采用思想与表达二

---

① 参见《专利审查指南（2023）》，载国家知识产权局网站，https://www.cnipa.gov.cn/art/2023/12/21/art_2790_189500.html。

② 参见闫宇晨：《论专利权的推定效力》，南京大学2020年博士学位论文，第156页。

③ Baker v. Selden, 101 U.S. 99 (1879).

④ 参见吴汉东：《试论“实质性相似＋接触”的侵权认定规则》，载《法学》2015年第8期。

分法在确定是否保护某一对象的问题上具有积极作用,但思想与表达之间的界线并非严格地被区分,从表达到思想是一个被连续抽象化的过程,是非离散可分的。所以,也难怪有学者对思想与表达二分法提出疑问,并认为"思想—表达二分法"不是一个精确的概括,或许"此表达—彼表达二分法"更为贴切,也就是"应保护之表达—不应保护之表达二分法"。[①] 有学者通过一个思想实验,分析思想是否适合专利权和版权这两种类型的知识产权,进而认为,专利权虽采用周边主义限定,但仍然通过等同原则等留有中心主义限定的影子,从版权实践对具体表达和实质性相似的保护要求的使用中,可知二者存在可相互借鉴之处。[②] 这些均是为了确定应当保护何种程度的抽象化表达。

技术特征比对是将专利权利要求中的技术特征与对比文件中的技术特征或者被控侵权产品中的技术特征进行比对。对比文件中采用的术语与专利权利要求中技术特征的表述存在差异,被控侵权产品需要被抽象化为相应的技术特征来与专利权利要求中的技术特征比对,或者将权利要求的技术特征映射到被控侵权产品上,因此也就存在对技术特征进行不同程度抽象化的可能。技术特征不同的抽象化程度将导致技术特征体现的技术细节产生差异,可能会"丢失"技术细节或者将未曾记载的技术限定解读进去,进而影响比对的结果。在确定技术特征中术语含义时,负责专利权利要求解释的法官从事的工作在某种程度上类似于著名的"抽象层次测试"。[③] "抽象层次测试"由汉德法官(Learned Hand)在 Nichols v. Universal Pictures Corp. 案[④]中提出,即在版权法的思想与表达二分理论下分析侵权行为时以此抽象地解读一个作品,将一个个事件从作品中抽离,观察两个著作在抽离后是否具有相同部分,以及该相同部分是否具有抽象化的普遍性,从而判断是否侵权。

---

① 参见李琛:《树·阳光·二分法》,载《电子知识产权》2005 年第 7 期。

② See Jeanne C. Fromer, *Claiming Intellectual Property*, University of Chicago Law Review, Vol. 76:2, p. 722(2009).

③ See Dan L. Burk & Mark A. Lemley, *Quantum Patent Mechanics*, Lewis & Clark Law Review, Vol. 9:1, p. 30(2005).

④ Nichols v. Universal Pictures Corp., 45 F. 2d 119(2d Cir. 1930).

在 Unique Concepts, Inc. v. Brown. 案①中，一种用于将织物墙面覆盖物附着在墙上的边框框架的专利包括线性边界块和直角边界块，而被控侵权产品并无直角边界块，而是采用带有 45 度角的线性边界块，用户可以此组装成直角边界块。美国巡回上诉法院中大多数法官认为，被控侵权产品没有使用直角边界块，从而有效地规避了侵权。但仍有法官持不同意见，他认为直角边界块包括斜切的线性边界块和预成型的边界块，而这些基本上都是“直角边界块”的一个子类。以上案例中大多数意见和少数意见的差异直接源自对技术特征“直角边界块”的不同抽象化程度，导致其含义的外延不同。综上可知，抽象化程度越高，被忽略的技术细节也就越多，技术特征划分得越细，所确定的含义范围越小。可见，在技术特征划分中，技术特征的抽象化水平与技术特征划分的量级相互作用，共同影响着权利要求的保护范围。

二、技术特征相关的规范性术语解析

（一）涉及技术特征的规范性术语：非技术特征

所谓技术特征比对，通常是指从手段、功能和效果多维度分析，判断技术特征是否相同或容易想到。技术特征的多维信息赋予了技术特征以更多的规范性功能，并由此创造出了涉及专利特征的多个相关术语。首先值得分析的就是与技术特征对应的非技术特征，有人将非技术特征解释为：一项权利要求如果被判定为专利法的排除主题，那它就一定不是技术方案，记载的当然也不是技术特征，而是非技术特征。② 在笔者看来，非技术特征依然遵循了技术特征表达的要求，只是因为相应的权利要求被判定为专利法排除的主题，所以才被认为是非技术特征，因而非技术特征是一种特殊的技术特征。然而，这样的判断并不全面，现实案例中还普遍存在另一种“非技术特征”，在权利要求中采用涉及作用机理、效果等特征的表述，其本身并不表征技术手段，而是其他技术特征

---

① Unique Concepts, Inc. v. Brown. ,939 F. 2d 1558 (Fed. Cir. 1991).

② 参见汪涛：《浅谈权利要求中的非技术特征》，载《中国发明与专利》2015 年第 4 期。

或整体技术方案的多维信息表达在权利要求中的显性化。[①] 前者所述的"非技术特征"影响发明创造的可专利性,而后者所述的"非技术特征"并不影响发明创造的可专利性,但在技术方案中可能存在限定作用。

直接影响可专利性的非技术特征在涉及软硬件结合的专利主题中尤为突出,软件中的人为干预通常被认为是人的脑力活动,从而被当作非技术特征,判断可专利性时,实际上就是判断这种非技术特征在何种程度上可被归为技术特征。国家知识产权局专利复审委员会于 2011 年 4 月 26 日作出的第 16536 号无效宣告请求审查决定指出,判断权利要求请求保护的方案是否属于技术方案,要看其是否具备技术手段、技术问题和技术效果三要素。例如,第 16536 号决定系国家知识产权局专利复审委员会针对广汽丰田公司就专利号为 ZL200610157027.7、名称为"一种交互式的行车导航和车载安防系统"的发明专利提出的无效宣告请求作出的。涉案专利权利要求 10 中的特征"远程控制中心通过用户的个性要求和用户对动态数据的反馈和评价意见,整合生成'服务建议',并作为可视的和/或语音信息提供给用户终端,而且如果用户不满意,远程控制中心要重新整合生成'服务建议'"被无效请求人认为是非技术特征,即认为该技术方案实际要解决的问题是如何为用户提供满意的服务,该问题不属于技术问题。无效请求人还认为,通过用户不断地反馈意见来完善服务,进而提供满足用户需求的服务,这一手段不属于技术手段;获得的效果为通过不断地反馈和改进来提供符合用户偏好从而令用户满意的服务,该效果不属于技术效果。对此,国家知识产权局专利复审委员会和北京市第一中级人民法院均认为:"虽然从权利要求的文字表述上看,存在'服务'、'用户需求和意见'、'满意'等与人的主观感觉有关的用语,但是,该方法的实现并不是依赖于人的意志,不依赖于人的思维活动,而都是依靠该硬件系统来完成的,比如利用远程控制中心的数据处理能力进行数据的整合获得'服务建议'、利用车载终端的移动通信功能与远程控制中心进行信息交互、利用导航仪的屏幕显示和语音提示

---

① 参见刘元霞、廖晓军:《方法专利中的非技术特征是否应当被考虑?》,载搜狐网 2018 年 6 月 5 日,https://www.sohu.com/a/234235364_221481。

功能进行动态导航，因此权利要求 10 采用了技术手段，并且解决了现有技术中导航仪只能静态导航和被动式动态导航且未与车载安防功能相结合的技术问题，达到了动态的、交互式的行车导航和车载安防的技术效果。”①

但对于另一与上述案件相似的案件，国家知识产权局专利复审委员会和法院给出的判断结论却大不相同。皇家飞利浦电子股份有限公司提交的名称为“自适应护理计划目标模块”、申请号为 200780012295.2 的发明专利申请被国家知识产权局专利复审委员会驳回。在复审中，国家知识产权局专利复审委员会作出了第 35811 号复审决定书，维持了驳回决定。国家知识产权局专利复审委员会认为，该专利的技术特征构成的技术方案“虽然涉及了服务器、工作站以及主机中心等硬件手段，但上述手段仅仅是利用了服务器、工作站和主机中心在本领域中所具备的公知性能，既没有给服务器、工作站以及主机中心的内部硬件结构带来任何技术上的改进，也没有对服务器、工作站以及主机中心的性能带来任何技术上的改变。该解决方案实际所解决的问题是如何使得朝向所述预计健康管理目标的患者进展最优化，不属于技术问题；所采用的手段是根据反馈通路输入和人为规定的干预规则来动态配置或者修正指示实现预计健康管理目标的目标模块和目标模块中的内容会话，不属于技术手段；所达到的效果是最优化患者向预计的健康管理目标的进展，不是技术效果”。皇家飞利浦电子股份有限公司不服国家知识产权局专利复审委员会的复审决定，向北京市第一中级人民法院提起行政诉讼，北京市第一中级人民法院对复审决定的上述观点予以确认，维持了复审决定。②

法院对待上述案例之所以存在不同观点，原因在于人为干预的非技术特征在整个技术方案中的贡献率：若技术特征所要解决的技术问题主要由硬件结构完成，而人为干预的非技术特征只是参与硬件结构功能的实现，并不决定硬件结构的功能发挥，则不影响整体技术方案的可专利性；倘若涉及人为干预的非技术特征在技术问题的解决中起主要作用，而诸如服务器、工作站以及主机中

① 北京市第一中级人民法院行政判决书，(2011)一中知行初字第 2722 号。

② 参见北京市第一中级人民法院行政判决书，(2012)一中知行初字第 1372 号。

心等硬件结构只是简单地扮演其本来的常规功能，并未对技术问题的解决带来帮助，那么，由于此时人为干预的非技术特征可能落入智力活动规则的不可专利主题，而设备或装置的加入并未对技术问题的解决产生有益的作用，因此即便存在硬件结构，整个技术方案也会被排除在可专利的主题之外。①

最后，就描述作用机理、效果等"非技术特征"存在两种观点。一种观点认为，作用机理、效果等"非技术特征"只是在对产生效果的原因和实现方式进行阐释，整体技术方案并不会因为对效果实现方式的阐述而具备创造性。国家知识产权局专利复审委员会于2017年1月5日作出的第31135号无效宣告请求审查决定书即采纳了这一观点。另一种观点则认为，作用机理和效果分析等"非技术特征"应当属于技术特征，其作为一种新性质、新手段和新用途，使整体技术方案具有创造性。② 以上观点虽然存在争议，但其实都验证了本书提出的"非技术特征是一种特殊的技术特征"之观点，关于作用机理和效果分析的描述只是一种本应隐含在技术手段之内的技术效果，能够以某种特殊的技术特征形式在权利要求中被显性化。此类作用机理和效果分析的"非技术特征"虽然会对权利要求的技术方案起到限定作用，但是即便其不被纳入权利要求中，也可以凭借其他技术特征或整体技术方案的三要素分析得到，并以此判断是否具有显而易见性、是否构成等同侵权等。

（二）涉及技术特征表达的规范性术语：必要技术特征、附加技术特征与功能性限定

在我国多个版本的《专利法实施细则》中均存在关于"必要技术特征"这一术语，即专利领域存在必要技术特征与非必要技术特征的区分，而从属权利要求中的技术特征则被称为"附加技术特征"。我国专利司法实践曾经采用过多余指定原则，当时区分必要技术特征与非必要技术特征显得尤为重要，因为在侵权判定中非必要技术特征可以作为多余的技术特征，通过多余指定原则排除

① See European Patent Office, *Case Law of the Boards of Appeal of the European Patent Office*, 7th edition, European Patent Office, 2013, p. 9 – 10.

② 参见北京知识产权法院行政判决书，(2017)京73行初2889号。

出技术方案。但多余指定原则毕竟是历史的产物,当时多数申请人和专利代理人尚不精通权利要求书的撰写技巧,因此他们很容易将非实质性的技术特征写入独立权利要求,从而导致实际要求保护的范围小于专利权人的实际发明创造贡献。[①] 然而,在后来的司法实践中,多余指定原则逐渐退出了历史舞台,理论上被写入独立权利要求的技术特征都应当被认为是必要技术特征。[②] 如此一来,是不是就意味着"必要技术特征"的术语已经名存实亡了?未必如此。"必要技术特征"在权利要求的完整性要求中具有重要作用,缺少"必要技术特征"将导致技术方案无法解决发明创造的技术问题,甚至导致技术方案不符合基本的技术事实或技术规范的要求。因此,正如《专利法实施细则》(2023 年)第 23 条第 2 款规定的那样,"独立权利要求应当从整体上反映发明或者实用新型的技术方案,记载解决技术问题的必要技术特征"。可见,从侵权判定比对中,被写入独立权利要求的技术特征均为必要技术特征,但从专利授权的实质性条件看,必要技术特征是完整技术方案所必需的,因此应当对两种场合下使用"必要技术特征"的不同含义予以区分。在独立权利要求中,除了解决技术问题必需的必要技术特征,还存在对于发明创造必不可少的技术特征,这部分自然可以归入主张侵权判定时的必要技术特征。[③] 当然,现实总是复杂的,即便存在如上分析,实践中仍然存在诸多将非必要的技术特征纳入独立权利要求的情况,这部分技术特征既非解决技术问题所必需,也非发明创造实施所必需,而是一种附加的技术特征,用以在解决技术问题的技术方案基础之上作进一步限定。由于在新颖性和创造性评价中,被列入独立权利要求的技术特征均构成对保护范围的限定,在侵权判定中被写入独立权利要求的技术特征均为必要技术特征,因此,此类附加的技术特征在实然层面上均是评价新颖性和创造性以及侵权判定所必不可少的,但是专利申请文件撰写的角度则应尽力避免将其纳入

---

① 参见江镇华:《关于专利侵权的判定》,载《中国法学》1988 年第 3 期。

② 参见最高人民法院民事判决书,(2005)民三提字第 1 号。

③ 参见陈文煊:《专利权的边界——权利要求的文义解释与保护范围的政策调整》,知识产权出版社 2014 年版,第 238 页。

独立权利要求中。

从《专利法实施细则》(2023年)第23条第3款来看,“从属权利要求应当用附加的技术特征,对引用的权利要求作进一步限定”。从逻辑上说,由于独立权利要求已包含了解决技术问题的基本技术方案,因此,作为从属权利要求的技术特征自然是必要技术特征之外的附加技术特征。然而,附加技术特征具有可被纳入独立权利要求从而向必要技术特征转化的潜力和可能性。比如,在专利权被宣告部分无效的场合,独立权利要求被宣告无效,必有一个从属权利要求实质性地成为独立权利要求,此时附加技术特征就成了独立权利要求中的必要技术特征。退一步说,在判断被控侵权产品是否侵犯从属权利要求时,该从属权利要求的附加技术特征仍然是必要技术特征。也就是说,若原告选择从属权利要求来主张专利权保护,则比对时需要加上该从属权利要求记载的附加技术特征。如果被诉侵权产品不含有该附加技术特征,那么即使其含有全部独立权利要求的技术特征也不构成侵权。[①] 同样地,在评价新颖性和创造性时,对于从属权利要求来说,附加技术特征也是必须被考虑和评价的。

除了上述在各版本《专利法实施细则》中有所体现的必要技术特征和附加技术特征以外,在司法实践中还存在功能性限定特征、隐含技术特征、使用环境特征等特殊类型的技术特征表达方式。功能性限定特征在《专利审查指南2023》中被描述为“功能性限定的技术特征”,其解释规则被限定为“应当理解为覆盖了所有能够实现所述功能的实施方式”。但如果限定的功能是以说明书实施例中记载的特定方式完成的,那么权利要求中就不得采用覆盖了上述特定方式之外的其他替代方式,更不能采用包含无法解决发明或实用新型技术问题的功能性限定。[②] 也就是说,关于功能性限定的技术特征的范围界定,我国专利行政部门主张以在本领域普通技术人员的视角下即可直接得出其所覆盖

① 参见蔡伟:《专利侵权诉讼中权利要求的选择及比对的裁判方法》,载《人民司法》2019年第4期。

② 参见中华人民共和国国家知识产权局制定:《专利审查指南2023》,知识产权出版社2024年版,第159页。

的实施方式为限,超出该限制则会被认为得不到说明书的支持,从而可能导致采用更具体的特定方式进一步限定。而最高人民法院则采用不同的处理路径,最高人民法院《关于审理侵犯专利权纠纷案件应用法律若干问题的解释》第4条规定,对于权利要求中以功能或者效果表述的技术特征,人民法院应当结合说明书和附图描述的该功能或者效果的具体实施方式及其等同的实施方式,确定该技术特征的内容。可见,最高人民法院对功能性限定的表达更为宽容,但对其范围的解释则趋向于以说明书进行限制,这与《美国专利法》的做法具有相似之处。

造成上述专利行政部门与司法机关对待功能性限定态度不同的原因,可能主要在于二者的职能分工不同,专利行政部门作为专利审查机关,需要限制技术特征的初始表达,以减少权利要求保护范围的不确定性。而司法机关面对的大多数的功能性限定在权利要求中已成既定事实,此时更重要的是确定其保护范围,而非如何否定专利权的推定效力。最高人民法院《关于审理侵犯专利权纠纷案件应用法律若干问题的解释(二)》第8条对功能性特征进行限定,并通过但书的形式将"本领域普通技术人员仅通过阅读权利要求即可直接、明确地确定实现上述功能或者效果的具体实施方式"排除在功能性特征之外,因为如果满足但书所述之条件,显然就无须对其适用特殊的规则。令人吃惊的是,前述司法解释排除的特征,正好是专利行政部门认可的功能性特征。专利行政部门与司法机关在如何对待功能性限定的问题上采用两种截然不同的标准对权利要求书中的同一术语进行解释,这就意味着授(确)权后的"功能性限定"被赋予了与其字面含义相同的"绝对"意义。而在专利侵权判定中,同样的概念却被认定为不同于其字面含义的"相对"意义。① 除了权利范围大小的差异外,同样的功能性限定特征在确权阶段可能面临得不到说明书支持的问题,而在侵权判定阶段则可根据说明书来确定其所限定的范围,这进一步加剧了确权与侵权判定双轨制的循环与矛盾。

---

① 参见张荣彦:《关于"功能性限定"》,中华全国专利代理人协会2013年年会暨第四届知识产权论坛会议论文。

功能性限定特征与本书议题关联最强的部分在于如何对功能性限定特征进行划分。由于技术特征划分量级本身就与技术功能相关，而功能性限定特征又将“功能”维度的信息作为技术手段，因此在技术特征划分上，功能性限定特征在本质上包括了多个能实现该功能的技术单元。本书揭示这个问题，但无意在此讨论功能性限定特征如何划分的问题，因此不再展开。另外，隐含技术特征、使用环境特征虽然在实际案例中较为常见，但由于并非特别典型的特征形式，故本书拟在具体案例中再行阐释和剖析。

（三）涉及技术特征比对的规范性术语：区别技术特征

区别技术特征作为比对后得到的表示权利要求与现有技术或被控技术方案之区别的技术特征，在专利权确权和侵权判定中均发挥重要作用，它既要满足技术特征的概念要求，还要符合区别点表征的技术事实。如果说技术特征可以由专利权人声称或在撰写中进行设定，那么区别技术特征就必须结合比对的对象进行判定。换言之，对比文件不同或被控侵权的技术方案不同，获得的区别技术特征自然也不尽相同，不同的区别技术特征上附着的“手段、功能和效果”等多维信息也就存在不同。从事实与价值二分视角看待区别技术特征，区别技术特征依赖的技术事实为比对的技术区别点，技术区别点不能直接被认定为区别技术特征，而是应先以技术特征的规范来“裁剪”技术区别点。此时可能存在多种满足技术特征定义的区别技术特征划分方式，不同区别技术特征的划分方式的差异往往在于划分量级上。真正确定某一区别技术特征划分的行动选择的，是其背后的价值因素，即通过实践理由进行价值考量来实现行动选择。

虽然区别技术特征的不同划分可能导致确权和侵权判定结果上的差异，但二者间并不存在必然的联系。例如，在专利权确权纠纷中，判断创造性的标准仍是区别技术特征是否具有非显而易见性的条件，但各方之所以在区别技术特征划分上产生争议，大多由于该类划分方式可以作为其权利有效性主张的基础。是否具有非显而易见性的争议焦点还集中于技术启示的判断。[①] 区别技术特征并非孤立地起作用,既要判断区别技术特征上的手段、功能和效果等多维信息,同时又要考量区别技术特征与现有技术的联系,以判断是否存在技术启示。

三、技术特征的运用:基于专利授权、确权和侵权程序的考察

(一)技术特征在专利授权和确权中的运用

在专利授权和确权程序中,首要问题便是确定技术方案的可专利性。可专利性既要求符合专利所要保护的主题,同时也要求技术特征构成的集合满足专利的实质性条件,即实用性、新颖性和创造性等。虽然技术特征发挥确定专利权边界的功能,但在授予专利权之前以及在专利权的推定效力被挑战之时,授权与确权的着力点仍然主要聚焦于技术特征。

在专利申请号为201810452712.5、名称为"一种炁针的制作方法"的发明专利申请中,申请人使用了"炁体"这一特征,由于"炁体"本身并非符合自然规律的物质,因此申请被国家知识产权局驳回。后经复审,国家知识产权局仍认定:该申请权利要求1的方案没有提出明确的技术问题,不是对要解决的问题采取的利用了自然规律的技术手段的集合,不能够获得符合自然规律的技术效果,不是《专利法》中的"技术方案",不属于《专利法》第2条第2款规定的客体。一审法院和二审法院均支持了国家知识产权局的复审决定。[②] 在本案中,由于该专利申请没有专利法意义上的技术问题,所以使用的方案也非专利法意义上的技术方案,因此,权利要求记载的特征"炁体"也并非专利法意义上的技术特征。可见,术语的表达和限定不仅决定了其整体上是否构成技术方案,同时,单个特征或限定本身是否为技术特征也同样决定了被申请的主题是否为专利法保护的客体。

上述案件没有将未利用自然规律的专利申请视为符合专利法保护客体的

---

① 参见刘晓军:《专利创造性评判中的技术启示》,载《知识产权》2012年第5期。

② 参见最高人民法院行政判决书,(2020)最高法知行终10号。

要求，而另一些案件则认为专利申请是违背自然规律的，因而不符合实用性的规定，这一类案件在以“无实用性”为由被驳回的案件中占有一定比例。[①] 二者虽然在某种程度上存在法条竞合，但在仔细甄别具体条款的适用后会发现二者存在明显的差异。一项专利申请因违背自然规律而不具有实用性，但该专利申请若记载了具体的技术问题，则其中记载的技术方案会被认为是专利法意义上的技术方案。在专利申请号为201110462465.5、名称为“磁能转化为机械能的制造方法”的发明专利申请中，其权利要求的记载如下：

> 1. 一种磁能转化为机械能的制造方法包括：永磁体【1】、电磁体【2】、连杆【3】、弓字型传动装置（或其他传动装置）【4】、发电机【5】、电源【6】、开关【7】、动力传输输出装置【8】，其特征在于利用永磁体【1】对电磁体【2】的铁芯做功（吸引），存储在永磁体内的磁能对外释放能量，磁能转化为机械能带动传动装置运转，永磁体【1】固定在连杆【3】上，连杆【3】连接弓字型传动装置（或其他传动装置）【4】，弓字型传动装置（或其他传动装置）【4】连接发电机【5】，弓字型传动装置（或其他传动装置）【4】连接动力传输输出装置【8】，电源【6】连接开关【7】连接电磁体【2】。

乍看上述权利要求似乎满足了技术特征的形式要求，描述了部件以及部件之间的连接关系，技术特征的集合在整体上反映了技术方案，也提出了具体的技术问题。然而，从整体上分析就会发现，该技术方案违背了能量守恒定律，因而无法实现，申请人也无法证明上述技术方案能够被本领域普通技术人员实现。上述专利申请历经驳回、复审、一审、二审和再审程序，查明：“根据权利要求书和说明书记载，涉案申请技术方案的工作原理是控制电磁铁通电时机，利用永磁体与电磁铁铁芯相吸或相斥作用，以使永磁体向上或向下运动，利用永磁体的磁能释放转化形成机械能，以使系统输出电能和机械能总体上大于输入的电能，由于系统运行过程中存在摩擦等相关损耗，实际输出能量总体上必然

---

① 参见张晓都：《专利实质条件》，法律出版社2002年版，第56页。

小于输入能量。"因此，涉案申请违背能量守恒定律，因不符合《专利法》第22条第4款关于实用性的规定而未获支持。[①]

在授权和确权程序中，专利实质性条件中的新颖性判断和创造性判断均是在考察现有技术的情况下进行的，此时技术特征的划分对于新颖性判断和创造性判断至关重要。从技术特征的对比来看，新颖性和创造性遵循着相似的比对机理。在新颖性判断中，在将专利申请或专利权与现有技术单独对比后，若二者不存在区别技术特征，即所有技术特征均已被现有技术公开，则技术方案会被认为不具有新颖性，不具有新颖性的技术方案自然也就不具有创造性。[②] 在具有新颖性的前提下，将技术方案与最接近的现有技术进行对比，从而得到区别技术特征，根据技术方案实际要解决的技术问题，判断区别技术特征在本领域普通技术人员视角下是否因存在技术启示而容易被想到，由此判定技术方案是否符合创造性的要求。[③] 崔国斌曾就区别特征对知识产权确权模式的影响提出独到的见解："智力成果本身的区别特征的数量也是影响知识产权确权方式选择的重要因素——区别特征越少，确权模式就更可能接近专利模式；区别特征越多，确权模式就更可能接近版权模式。"他还尝试以此建立区别特征理论来分析非典型性技术和作品的保护模式。[④] 创造性是可专利性最为重要的判断标准，是用以否定专利权效力最常见的事由，也是实际否定专利权效力最常见的事由。[⑤] 美国最高法院通过 KSR Intern. Co. v. Teleflex Inc. 案[⑥]修改了非显而易见性的标准，不仅要关注现有技术的书面启示，同时必须关注本领域普通技术人员的知识和能力范围。该测试标准间接地作用于区别技术特征的

---

① 参见最高人民法院行政判决书，(2019)最高法行申4576号。

② 参见中华人民共和国国家知识产权局制定：《专利审查指南2023》，知识产权出版社2024年版，第175页。

③ 参见中华人民共和国国家知识产权局制定：《专利审查指南2023》，知识产权出版社2024年版，第187－188页。

④ 参见崔国斌：《知识产权确权模式选择理论》，载《中外法学》2014年第2期。

⑤ See John R. Allison & Mark A. Lemley, *Empirical Evidence on the Validity of Litigated Patents*, American Intellectual Property Law Association Quarterly Journal, Vol. 26, p. 185(1998).

⑥ KSR Intern. Co. v. Teleflex Inc., 127 S. Ct. 1727(2007).

划分以及区别技术特征是否非显而易见的判断，区别技术特征的划分和评价成为测试创造性标准的工具。有学者认为 KSR Intern. Co. v. Teleflex Inc. 案将非显而易见性充当微观政策杠杆的工具，而这一工具的实现有赖于技术特征的划分。①

（二）技术特征在专利侵权中的运用

在我国现有法律和司法实践框架下，专利侵权诉讼往往伴随着被告对专利权有效性的质疑，被控侵权人会发起专利无效宣告请求的行政确权程序，形成专利侵权诉讼与专利确权纠纷交织的现象。一方若对国家知识产权局专利局复审和无效审理部作出的无效决定书不服，可在法定期限内向北京知识产权法院起诉，但专利侵权诉讼的解决需以专利的有效性为基础，而专利有效性的认定有赖于专利确权纠纷的裁判结果。有学者将这种专利权有效性判断与司法机关对于侵权与否的判断相分离的制度架构称为"双轨制构造"。② 如果专利侵权诉讼与专利无效程序之间的交叉和循环成为专利侵权方拖延诉讼的有效手段，那么专利权人对专利制度的信赖将被消减，另外冗长的诉讼程序也极有可能成为专利诱饵实施敲诈的工具。③

目前，除了现有技术抗辩外，既有案例通过在侵权诉讼中由法院直接对专利权的有效性进行确定，如以评价创造性来否定有效性，④也有案例以权利要求不清楚为由否定有效性，⑤这些案例都从专利权有效性出发来解决侵权判定问题，但专利有效性的个案判定并不产生对世的效力。因此，技术特征在专利确权中也以法定的现有技术抗辩、司法机关直接认定效力的方式在专利侵权诉讼中发挥作用。但在判断被控侵权产品是否落入专利权范围的时候，则存在不

① 参见[美]丹·L. 伯克、马克·A. 莱姆利：《专利危机与应对之道》，马宁、余俊译，中国政法大学出版社 2013 年版，第 182－183 页。

② 参见张鹏：《我国专利无效判断上"双轨制构造"的弊端及其克服——以专利侵权诉讼中无效抗辩制度的继受为中心》，载《政治与法律》2014 年第 12 期。

③ 参见徐棣枫：《权利的不确定性与专利维权周期——专利法第 4 次修改草案相关方案的探讨》，载《南京大学学报（哲学·人文科学·社会科学）》2013 年第 5 期。

④ 参见江苏省南京市中级人民法院民事判决书，（2020）苏 01 民初 890 号。

⑤ 参见最高人民法院民事裁定书，（2012）民申字第 1544 号。

同的比对方式，即将被控侵权产品抽象化成与权利要求相对应的技术特征，再将权利要求的技术特征与从被控侵权产品抽象出的技术特征进行对比，即每一个技术特征都要在被控侵权产品上找到。[①] 在专利侵权判定中，无论是字面侵权还是等同侵权，均采用全部技术特征原则，将特征方式逐一比对。[②] 可以说，全部技术特征原则的比对方式符合认识论的规律。以判断两个有形物体是否相同为例，首先需要确定具体的必要的比较参数（技术特征），再依据一定的误差标准逐一比较，最后对结果进行综合判断以得出结论。[③] 若在误差标准之内，即比较结果所呈现的误差极小的情况下，则比较结果被纳入字面侵权的范围内。通过技术特征的解释和抽象化，判断被控侵权产品是否落入权利要求的保护范围。比较结果呈现的误差对应在侵权判定中的区别技术特征，所述的区别技术特征是指未在被控侵权产品上找到相同的技术特征，等同原则为构成二者差异的区别技术特征设置了误差标准。

由于专利权的保护范围从中心限定主义向周边限定主义转变，等同原则的适用为刚性的周边限定主义提供了保护范围上的缓冲，这既有效地避免了严格字面侵权带来的弊端，也为行为人指明了相对确定的范围和行动空间。等同原则下扩展的权利要求保护范围，正是区别技术特征应参考的误差标准，如果区别技术特征超出等同原则覆盖的误差标准，那么就不构成等同侵权。这一误差标准在司法实践中被进一步确定化，即方式、功能、结果三个实质或基本相同的条件——被控侵权产品与权利要求的技术方案以基本相同的方式执行基本相同的功能，从而获得相同的结果。[④] 最高人民法院《关于审理专利纠纷案件适用法律问题的若干规定》（法释〔2015〕4 号）第 17 条对等同原则作出了规定，

---

① See Robert Patrick Merges & John Fitzgerald Duffy, *Patent Law and Policy: Cases and Materials*, 3rd edition, Carolina Academic Press, 2002, p. 882.

② 参见［美］J. M. 穆勒：《专利法》（第 3 版），沈超等译，知识产权出版社 2013 年版，第 325－326 页。

③ 参见崔国斌：《专利技术的等同比较》，载郑胜利主编：《北大知识产权评论》第 1 卷，法律出版社 2002 年版。

④ See Graver Tank & Mfg. Co. v. Linde Air Products Co., 339 U. S. 605 (S. Ct. 1950).

并增加了“容易想到”的要件:“等同特征,是指与所记载的技术特征以基本相同的手段,实现基本相同的功能,达到基本相同的效果,并且本领域普通技术人员在被诉侵权行为发生时无须经过创造性劳动就能够联想到的特征。”即便技术特征比对和等同原则适用均有规则化的依据,但在实际个案中,技术特征的划分和区别技术特征识别仍然是各方争议的焦点,整体等同理论对等同原则适用的影响就是技术特征划分的量级对侵权判定影响的典型实例。

第二节　技术特征划分

一、权利要求分解的量级与抽象化:技术特征的组合与拆分

(一)权利要求分解的量级

无论如何对权利要求进行分解,权利要求作为一个整体的技术方案具有整体的技术效果,并能够解决技术问题。事实上,整体评价原则是各国专利审查中的普遍规定,如欧洲专利局上诉委员会颁布的《审查指南》规定,发明申请应被视为一个整体来考虑,并强调如果一个权利要求是技术特征的结合体,因其中单个技术特征是已知的或者显而易见的而认定整体技术方案为显而易见的,那么这样的判断方法是错误的。① 判断两个技术方案是否构成等同,实际上是从技术方案的整体出发进行综合比较。在权利要求的中心限定主义下,技术方案的整体性和实质性对权利要求的保护范围影响更大,在这种情况下,技术特征的划分和特征的逐一比较并未得到重视,权利要求分解的量级几乎大到将整个权利要求作为一个技术特征,此时权利要求的抽象化程度自然也就很高。

在美国专利法进入周边限定主义的时代,由于权利要求文本记载的内容被更为严格地解读,侵权判定更多以字面侵权的方式进行,等同原则受到了激烈

---

① 参见黄国群:《我国专利创造性判定中的整体性评审与模型构造研究》,载《上海财经大学学报》2015 年第 3 期。

的批评,其适用接近消亡。在 Winans v. Denmead. 案[①]后近百年,直到 Graver Tank & Mfg. Co. v. Linde Air Products Co. 案出现,美国最高法院才对等同理论在专利侵权中的适用再次确认。在 Graver Tank & Mfg. Co. v. Linde Air Products Co. 案中,法院认为,等同原则的实质在于防止欺诈,阻止不当行为窃取发明创造的利益。[②] 此时,等同理论仍然是针对技术方案的整体性等同,在 Hughes Aircraft Co. v. U. S. 案[③]中,美国联邦巡回上诉法院坚持了 Graver Tank & Mfg. Co. v. Linde Air Products Co. 案确立的"方式、功能、结果"判断标准,并明确提出了整体等同理论,"未能将等同原则作为一个整体应用于要求保护的发明以及对两个技术特征的'明显和准确'的等同要求都是错误的,如果存在这样的两个技术特征,将有效地产生字面侵权"。在 Corning Glass Works v. Sumitomo Elec. U. S. A, Inc. 案[④]中,原告权利要求的技术特征与被控侵权产品并不存在一一对应的关系,甚至存在明显的区别技术特征。原告的权利要求是将正性的掺杂剂加入光导纤维的芯部,而被控侵权产品是将负性的掺杂剂加入由熔融的二氧化硅制成的光导纤维的外包部。从具体技术特征上看,二者明显采用了不同的技术手段,但若从技术方案的整体上抽象地判断是否符合"方式、功能、结果"的基本条件,则难谓不同,故而最终被判定侵权。

整体等同理论的适用在一定程度上侵蚀了周边限定主义下权利要求保护范围的确定性,过度抽象化容易导致权利保护范围过分地溢出文字限定的"牢笼"。在 Pennwalt Corp. v. Durand – Wayland, Inc. 案[⑤]中,法院认为,在等同适用中,虽然可从总体上判断功能是否基本相同,但这并不是必要的,并且引述了 Perkin – Elmer Corp. v. Westinghouse Elec. Corp. 案[⑥]进一步说明,等同适用并不意味着可以忽略权利要求的技术特征。尽管"非先驱"发明可能有权获得一定

---

① Winans v. Denmead. ,56 U. S. 330(S. Ct. 1853).

② See Graver Tank & Mfg. Co. v. Linde Air Products Co. ,339 U. S. 605(S. Ct. 1950).

③ Hughes Aircraft Co. v. U. S. ,717 F. 2d 1351(Fed. Cir. 1983).

④ Corning Glass Works v. Sumitomo Elec. U. S. A. ,Inc. ,868 F. 2d 1251(1989).

⑤ Pennwalt Corp. v. Durand – Wayland, Inc. ,833 F. 2d 931(Fed. Cir. 1987).

⑥ Perkin – Elmer Corp. v. Westinghouse Elec. Corp. ,822 F. 2d 1528(Fed. Cir. 1987).

范围的等同,但法院不得以适用等同原则为幌子抹去公众有权依赖的权利要求中大量有意义的结构和功能限定。但仍有少数意见坚持遵循先例并适用整体等同。在 1997 年的 Warner - Jenkinson Co. ,Inc. v. Hilton Davis Chemical Co. 案①的判决中,美国最高法院重新对等同原则作出了全面阐释。在该案中,美国最高法院将"三要素准则"适用之初采用的整体效果分析变为逐项要素比较,也就是等同原则的适用不应导致专利权利要求记载的任何一个技术特征被忽视。② 由此可见,等同原则开始由以往的整体等同的全部特征原则向强调特征一一对应的全部特征原则转变。

在采用全部技术特征一一比对的比较方法时,权利要求被分解成若干个技术特征,逐一比较技术特征的方式在一定程度上解构了权利要求之技术方案的整体性,对抑制忽略权利要求的具体技术特征、限定以扩大保护范围的现象起到了一定的作用。但这又会带来新的问题,即导致更为局部地看待技术特征,从而忽视了技术方案整体要解决的技术问题,割裂技术特征与整体技术方案之间的密切联系。可见,技术特征逐一比对与整体等同比对的侧重点存在不同,权利要求分解的量级成为平衡二者的关键因素。是将技术特征划分得更细,还是将一些技术特征组合成一个技术特征进行对比,在个案中存在差异。总之,并无可资适用的标准为此提供具有确定性的指引和依据。

(二)技术特征的组合与拆分在司法案例中的显性化对比

徐棣枫曾就两个案例在运用等同原则时因适用不同的技术特征划分和组合方式而导致的专利权不确定性提出疑问。③ 在张某诉烟台市栖霞大易工贸有限公司等侵犯专利权纠纷案④(以下简称案例一)中,专利号为"ZL200420073525. X"、名称为"多功能程控拳击训练器"的实用新型专利的独立权利要求 1 与被控侵

① Warner - Jenkinson Co. ,Inc. v. Hilton Davis Chemical Co. ,520 U. S. 17(S. Ct. 1997).

② 参见刘筠筠:《等同原则法律适用问题的再思考——兼论整体等同与全部技术特征原则》,载王立民主编:《知识产权法研究》第 7 卷,北京大学出版社 2009 年版。

③ 参见徐棣枫等:《专利权的不确定性与专利诱饵的法律规制》,知识产权出版社 2019 年版,第 77 - 80 页。其中提及的两个案例为(2012)民申字第 137 号和(2017)民申字第 3802 号。

④ 参见最高人民法院民事裁定书,(2012)民申字第 137 号。

权产品的区别特征在于:“多功能程控拳击训练器”有“五个靶标”,被控侵权产品有“九个靶标”。一审法院认为二者不构成等同,二审法院维持了一审判决。最高人民法院在再审中认为,二者靶标数量虽然不同,但由于每一个靶标在击打时单独发挥作用,因此不能将五个靶标作为一个技术特征,而应当将其分解为头部靶标、腹部靶标和腰部靶标。由于被诉产品也包括头部靶标和腹部靶标,其胯部靶标与本专利的腰部靶标在功能效果上等同,因此构成等同侵权。在该案中,一审法院和二审法院将“五个靶标”视为一个技术特征,并将之与“九个靶标”进行等同比对,而最高人民法院则认为,“由于涉案专利的每一个靶标在击打时单独发挥作用,因此不能将五个靶标作为一个技术特征来考虑”,故将“五个靶标”的功能依据说明书描述的部位进一步拆分为多个技术特征,并与被控侵权产品的“九个靶标”中的相应部位靶标来比对,最终得出“被诉侵权产品包含了头部靶标和腹部靶标,其胯部靶标与涉案专利的腰部靶标在功能效果上是等同的,因此应当认定被诉侵权技术方案包含涉案专利五个靶标的相同或等同技术特征”的结论。

在案例一中,技术特征的划分扮演了至关重要的角色,直接决定了等同判定的成立与否。最高人民法院将技术特征划分问题归结为法律适用错误,间接承认了技术特征划分具有规范功能。吴瑞媛指出,不同规范领域可以通过理由的转换功能相互交流。[①] 技术特征划分正是充当连接法律规范与裁判规则的理由。

与案例一不同的是,在刘某贵与台州市丰利塑胶有限公司侵犯实用新型专利权纠纷案[②](以下简称案例二)中,最高人民法院主张将多个技术特征组合起来进行等同比对。本案在再审审查阶段争议的焦点是:被诉侵权产品的调节拉杆两端分别通过销轴挂设有弹簧,但没有孔径小于弹簧直径的套体,这是否构成与涉案专利权利要求 1 所述“其(调节拉杆)两端分别套设有弹簧,在弹簧的

① 参见谢世民主编:《理由转向:规范性之哲学研究》,台北,台湾大学出版中心 2015 年版,第 19 页。

② 参见最高人民法院民事裁定书,(2017)民申字第 3802 号。

外围套有孔径小于弹簧直径的套体”相同或等同的技术特征？二审法院认为，根据权利要求书的记载，涉案专利的调节拉杆上套设弹簧，且在弹簧的外面还套有孔径小于弹簧直径的套体，而被诉侵权产品则直接将弹簧两端分别挂设在调节拉杆和椅体上，以达到实现椅体调节之目的。被诉侵权产品缺少权利要求记载的“套体”这一技术特征，应当认定其未落入涉案专利权的保护范围。最高人民法院认为，在涉案专利权利要求1中，套体本身无法实现相对独立的功能，不宜作为一个独立的技术特征对待，在将涉案专利权利要求的技术特征与被诉侵权产品的相应技术特征进行比对时，应当将“其两端分别套设有弹簧，在弹簧的外围套设有孔径小于弹簧直径的套体”作为一个独立的技术特征进行比对，而不是将“套体”作为一个独立的技术特征进行比对。因此，最高人民法院主张将“套体”与相关技术单元组合成一个技术特征后再进行比对。

在案例二中，最高人民法院围绕“相对独立地实现一定技术功能并产生相对独立的技术效果的较小技术单元”实质性地对技术特征予以定义，但“相对独立”“较小”等语言的模糊性仍然困扰着技术特征的划分和等同侵权的判定。无论是案例一、案例二中的一审法院、二审法院与最高人民法院的不同观点，还是最高人民法院基于案例一和案例二对拆分技术特征和组合技术特征的不同观点，从中都可以管窥技术特征之规范性的“影子”。技术特征的划分虽然未被直接作为裁判规则予以适用，但却左右了裁判的结果，其规范性功能在案例的冲突和裁判理由中得以彰显。与传统法律推理不同，后果主义推理是根据对裁判后果的预测和评价来选择判决理由。忽视或滥用技术特征的规范性容易导致裁判者以主观目的为导向作出不当的后果主义裁判。[①] 但识别技术特征规范性所确立的裁判理由同样也存在模糊性、不确定性等诸多问题，仍难以避免不当的后果主义裁判。

（三）技术特征的组合与拆分中的整体性考量

权利要求分解的量级就是技术特征划分的“粒度”，技术特征划分的“粒

---

① 参见赵力：《论裁判后果主义推理的运作原理》，载《东方法学》2020年第1期。

度"与其自身实现的相对独立之技术功能有关，也与所比较之对象的相应技术特征有关。很多时候，技术特征的比对也并非完全一一对应，共同实现某一相对独立功能的几个组件可能存在于不同的技术特征当中。同理，构成等同的两个技术特征并不要求一定要在相应的组件当中。[①] 在这种情况下，势必需要抽象化地组合或重组技术特征，但以何种标准判断技术特征是否能够组合以及如何组合，却又成为横亘在裁判者眼前的难题。案例二就是典型例子，涉案专利的调节拉杆上套设弹簧，且在弹簧的外面还套有孔径小于弹簧直径的套体，被诉侵权产品则直接将弹簧两端分别挂设在调节拉杆和椅体上，以求实现椅体调节之目的，缺少权利要求记载的"套体"这一技术特征。若仅从单一技术特征来看，"套体"的技术特征并不能从被控侵权产品上被找到，故难以认定二者之间构成等同。但最高人民法院否定了二审法院关于技术特征划分的观点，认为"套体"虽然是一个部件，但其功能和效果必须依赖弹簧的配合才能实现，两者相互配合才能在整体技术方案中发挥作用，不宜将其作为一个独立的技术特征对待，应当将"其两端分别套设有弹簧，在弹簧的外围套设有孔径小于弹簧直径的套体"作为一个独立的技术特征进行比对，而不是将"套体"作为一个独立的技术特征进行比对。

若以在整体方案中起相对独立技术功能为标准划分技术特征，则将面临如何确定技术功能处于何种位阶的问题。由于技术功能存在上位功能和下位功能，[②]如单个部件"套体"的技术功能是引导和约束弹簧的功能，"其两端分别套设有弹簧，在弹簧的外围套设有孔径小于弹簧直径的套体"的技术功能是实现椅体调节的目的的技术功能，因此理论上还可以从更抽象的维度来界定技术功能，从而划分出更大量级的技术特征。此外，不同参与主体对同一技术特征所能起到的技术功能和效果的认识存在分歧。

在欧瑞康纺织有限及两合公司与国家知识产权局的行政诉讼案中，原涉诉

---

① See Corning Glass Works v. Sumitomo Elec. U. S. A. , Inc. , 868 F. 2d 1251(1989).

② 参见于波、祖子涵:《知识产权鉴定中技术特征分解方法的选择——以专利为视角分析》，载《中国司法鉴定》2021 年第 6 期。

的无效决定将“第一输送机构(3)和第二输送机构(9)分别构成为一个缠绕输送机构(15.1、15.2),而第三输送机构(14)构成为一个夹紧输送机构(20)”作为涉诉专利权的独立权利要求1与现有技术相比的区别技术特征,从而认定独立权利要求具有创造性。[①] 一审法院则认为,第一、二输送机构与第三输送机构各自承担不同的功能,且彼此之间为简单的机械连接,在结构、功能以及相互之间的配合关系上相对独立,并不存在不可分割的紧密联系,故在确定区别特征时,不应当将三个输送机构组合成一个整体进行比较,从而确定区别技术特征为“第三输送机构为夹紧输送装置”。[②] 在两种区别技术特征的划分方式都具有相对独立技术功能的情况下,如何在二者之间进行选择更像是一种价值评价,裁判者均可选择其中之一来进行论证说理。在二审中,最高人民法院从多个技术手段的整体性功能来诠释技术特征的划分,认为“如果该发明的发明构思就在于所对应的各个技术手段的结合,并且现有技术既没有直接或者隐含公开这种结合的教导,也没有公开这种结合所能产生的技术效果,则在确定区别技术特征时,应当将该发明保护的这种技术手段的结合予以整体性对待,不宜以其中的单个技术手段作为判断是否构成区别技术特征的基本对象”。从而肯定了国家知识产权局在无效决定中的观点,即将“第一输送机构(3)和第二输送机构(9)分别构成为一个缠绕输送机构(15.1、15.2),而第三输送机构(14)构成为一个夹紧输送机构(20)”作为区别技术特征,并进而认定专利权具有创造性。[③] 可以看出,最高人民法院将发明构思的“整体性”加入技术特征的划分,从而构造了一种类似整体等同理论的判案思路。因此,通过技术特征划分的量级可获得单个技术特征、多个技术特征组合、将权利要求的整个技术方案作为一个整体性的技术特征这三个量级。若以等同原则视角观之,则可总结为单个技术特征等同、部分整体等同和整体等同。

关于技术特征划分的量级仍存在三大问题:第一,技术功能抽象化程度决

① 参见国家知识产权局作出的第32984号无效宣告请求审查决定书。

② 参见北京知识产权法院行政判决书,(2018)京73行初787号。

③ 参见最高人民法院行政判决书,(2020)最高法知行终279号。

定了技术特征划分的量级,但技术功能应抽象至何种程度并无确定性的依据;第二,专利申请人或专利权人声称的发明构思或技术功能在未被客观化的情况下被用于技术特征划分;第三,技术特征划分与所比较的对象存在关联性,导致技术特征划分量级的变化。

二、区别技术特征与技术特征比对:寻求与消除差异性的博弈

(一)技术特征比对中的差异性

比对权利要求中的技术特征与现有技术中相应技术特征是在判断专利权有效性,比对权利要求中的技术特征与被控侵权产品上相应技术特征是在判定专利侵权,最终体现为比对结果呈现的差异性。在授权和确权阶段,专利申请人或专利权人希望比对结果存在差异性,以支持其专利有效性的主张。审查员作为代表社会公众"签约"的一方,寻求通过检索现有技术消除差异性,从而否定专利有效性,或使专利申请人获得与之发明贡献相匹配的保护范围。无效请求人则寻求通过消除差异性否定专利权的推定效力。在侵权判定阶段,被控侵权人欲证明权利要求的保护方案与被控侵权产品之间存在差异性,以避免落入侵权范围;而专利权人欲消除权利要求的技术方案与被控侵权产品之间的差异性,从而认定侵权。由此可见,技术特征比对最终表现为不同利益主体在差异性上的博弈。技术特征比对演化成不同立场之间的博弈,事实问题被混杂在价值问题中解决,看似是事实问题左右了技术特征的划分,但实际上只是披着事实问题的外衣,最终仍是直接推导出了价值评价的结果。这里的价值评价的结果缺乏理性化的依据,导致技术特征划分的认定难以被另一相对方所认可和信服,直接影响了专利案件的上诉率。有学者从实证角度对 839 件有效专利侵权案例进行统计分析:一审审结的有 450 件,占总数的 56.02%;二审审结的有 387 件,占总数的 43.76%;再审案件有 2 件,占总数的 0.22%。前述统计结果证实了专利权侵权案件的上诉率明显高于著作权和商标权侵权案件的现象。①

① 参见詹映、张弘:《我国知识产权侵权司法判例实证研究——以维权成本和侵权代价为中心》,载《科研管理》2015 年第 7 期。

将技术特征比对中的差异性产生的直接结果作为二值化或二分类的依据，专利权是否有效、专利权是否构成字面侵权或等同侵权均属于此类二值判断。二值判断对差异性提出了阈值的要求：若差异性大于阈值，则认为专利权有效或不侵权；若差异性小于该阈值，则认为专利权无效或构成侵权。二值判断要求必须完成二选一的判断任务，也就是说，必须在个案中画出一条线。二值判断的准确性保障源于明确的边缘检测和识别，即找到进行二值判断的那条线。[①] 与之相矛盾的是，由于经常存在技术特征划分或区别技术特征划分的争议，因此技术特征的差异性往往处于摇摆之中。即便存在统一的差异性判断阈值，差异性本身的变动不居也会造成各方利益主体在模糊地带进行博弈和斗争，以期获得对己方有利的差异性认定，但始终难以获得令各方信服的差异性认定。不仅如此，技术特征比对之差异性的不确定性还容易被传导至二值化的判断标准：既要求专利权的起草者付出成本以获得更大的保护范围，又要求保护范围不至于过于模糊从而影响权利有效性，另外，差异性判断标准本身的模糊性也造成参与各方的信息成本居高不下，这些因素都影响了专利制度的运行和激励功能的发挥。

(二)技术特征比对之差异性判断的动态阈值和模糊空间

由于技术特征比对的差异性由区别技术特征体现，区别技术特征的多少既与技术比对的事实相关，同时不同主体也会对技术特征划分产生分歧。也就是说，技术特征比对得出的区别技术特征是以技术事实为基础，在一定划分规则下得出的价值评价。因此，即便二值化的判断标准不变，例如，创造性的要求是一致的，也会由于区别技术特征划分的不同影响二值化判断的结果。更何况二值化判断标准受到其他规则的影响。例如，创造性判断中的辅助因素、侵权判定中的等同原则可分别作为有效性判断和为侵权判定设置模糊地带的典型例子，它们直接作用于二值化的判断标准，进而形成模糊空间。由此可见，差异性判断标准并非一成不变的阈值，而是基于多个规则和因素作用形成的动态阈

---

① 参见赵雪松、陈淑珍：《综合全局二值化与边缘检测的图像分割方法》，载《计算机辅助设计与图形学学报》2001 年第 2 期。

值,这种动态阈值不具备其在计算领域呈现的较强适应性和确定性,而是进一步扩大了各方的博弈空间。[①] 区别技术特征划分的分歧叠加二值化判断的模糊空间,对最终的二值化判断结果造成了较大影响,加剧了专利确权和侵权判定的不确定性,“空耗”专利制度成本且难以产生激励作用。

崔国斌曾提出用“区别特征”理论选择相应的确权模式,“区别特征”的多少在一定程度上决定了是选择专利模式还是版权模式进行保护。[②] 专利模式具有较少的“区别特征”,事先定义保护范围的成本相对较低,也减少了公众信息搜寻的成本。另外,在有限选择的情况下,技术方案在专利模式下不易被社会公众规避,为确权带来便利。

区别技术特征呈现的差异性落入模糊地带将会给有效性判断和侵权判断的二值选择带来更多不确定性,其仍需面临有效或无效、侵权与否的二值选择,而制度设计似乎为参与主体确定模糊地带的二值化分界线提供了一定的规则指引,意图寻求理性划界。司法实践为技术特征划分提供了一定的规则指引,即“技术特征的划分应该结合发明的整体技术方案,考虑能够相对独立地实现一定技术功能并产生相对独立的技术效果的较小技术单元”[③],但这些指引本身的正当性也是值得进一步论证的。同时,在何种程度上考虑整体技术方案、技术功能的上下位程度等因素都在影响着技术特征划分的量级,理性化论证可能最终演变为基于信息搜寻成本[④]的“拉锯战”。

---

① 关于动态阈值的说明可参见李建华、马小姝、郭成安:《基于方向图的动态阈值指纹图像二值化方法》,载《大连理工大学学报》2002年第5期。

② 参见崔国斌:《知识产权确权模式选择理论》,载《中外法学》2014年第2期。

③ 最高人民法院民事裁定书,(2017)民申字第3802号。

④ 最高人民法院作出的(2020)最高法知行终279号行政判决书显示,专利权人和无效请求人为了论证所持的技术特征划分之观点的理由,不断地搜寻现有技术的表示来支撑自己的观点,大大增加了确权的信息搜寻成本。

第三节 技术特征划分失范的危害

一、增加专利权的不确定性:确权纠纷频发

(一)专利权的推定效力与不确定性

发明创造的无形性是专利权不确定性的天然基础,专利制度运行中的主客观因素是专利权不确定性的制度基础。[①] 由于审查员的检索不够充分、申请人的未如实披露、使用公开难以举证等,关乎专利权有效性的客观事实难以完整地呈现。同时,查找某一个专利权或专利申请的现有技术之客观事实需要耗费较大的信息搜寻成本。甚至,即便专利审查员付出超额的审查成本,也并不能确保高价值专利产生;即使审查员展开全面检索与审查,也不能保证授权决定的绝对准确。[②] 因此,专利权被赋权是基于一种法律上的推定事实,而这一法律上的推定事实未必是客观事实。[③] 如此一来,一旦新的客观事实出现,原有的推定事实就可能被推翻,在此之前专利权被推定有效。专利权的效力推定虽然是基于相关的推定事实,但从属性上看应当属于权利推定。[④] 推定事实是一种法律事实,但同时也是一种假设事实,在推定专利权有效的情况下,承认专利权的效力也可被新的事实所推翻,于是,与之配套的专利无效制度便随之产生。

专利无效制度的设置避免了审查员在授权阶段投入过多的人力、物力,毕竟大部分专利申请或专利权都不会引起纠纷,后置的无效宣告程序也能为公众提供确权的救济。专利权在行政行为的公定力下获得了推定效力,但仍面临专

---

① 参见徐棣枫等:《专利权的不确定性与专利诱饵的法律规制》,知识产权出版社 2019 年版,第 62-87 页。

② 参见毛昊、刘夏:《经济学视角下中国专利无效制度的改革路径》,载《知识产权》2020 年第 10 期。

③ 参见徐棣枫等:《专利权的不确定性与专利诱饵的法律规制》,知识产权出版社 2019 年版,第 27 页。

④ 参见夏淑萍:《专利权效力推定规则研究》,中南财经政法大学 2014 年博士学位论文,第 26 页。

利权效力不确定的问题，对于专利权推定效力较弱的实用新型专利尤为如此。在专利制度语境下，申请人为了更顺利地获得最大限度的授权范围，往往在权利要求书的撰写方面下足了功夫，刻意追求可专利性外观的满足，甚至夸大专利技术实际可以涵盖的权利范围，这就使获得授权的技术方案可能实际上并不具备可专利性。[①] 专利权推定效力带来的不确定性容易被权利人利用，甚至被缺乏诚信的权利人滥用，从而引发利用专利权滥诉的行为。在互联网领域，专利申请和专利权成为不诚信主体钓鱼式和抢申式维权的工具，司法救济被用作批量维权和权利不当行使的手段以获取不当利益，最终使防范和抑制专利权滥用产生巨大的制度成本。[②]

（二）技术特征划分失范使确权纠纷频发且结果频繁反转

专利确权纠纷[③]缘起于专利权的不确定性和推定效力，一旦专利权人发起侵权诉讼，被告往往会就此发起无效宣告程序，由无效宣告程序引发后续的专利确权之诉。主动识别专利风险的主体在识别目标风险专利之后需要有相应的应对措施，尤其是在拟上市企业的产品落入目标风险专利的保护范围时，专利无效请求的准备是优选方案。[④] 除了专利制度自身运行带来的不确定性，技术特征作为实现界权的工具，在技术特征的划分上存在不同的量级。基于技术特征划分产生的区别技术特征，各方存在差异性上的博弈，在创造性判断上更受到辅助因素的影响，这在很大程度上加剧了确权纠纷的发生和高上诉率。技术特征划分又与其所比较的对象密切相关，技术特征对应的技术功能在不同抽象水平下呈现的比对结果也会存在差异，从而导致技术特征划分量级的不同。但是，对专利权人和社会公众来说，以何种抽象化水平划分技术特征存在较大

---

① 参见苏苗苗：《专利蟑螂滥用诉权行为分析》，载《清华知识产权评论》2020 年第 1 辑，法律出版社 2020 年版。

② 参见牟丹、傅枫雅：《钓鱼式和抢申式专利维权的预警及治理——以杭州知识产权法庭批量专利诉讼为切入点》，载《人民司法》2020 年第 13 期。

③ 包括无效宣告请求以及由此引发的行政确权诉讼。

④ 参见饶先成：《科创板拟上市企业的专利风险识别及应对——基于 205 份科创板拟上市企业招股说明书的实证分析》，载《科技与法律》2020 年第 6 期。

的不确定性，随着推定事实的变化，技术特征划分的结果也会随之变化。

在上文提到的欧瑞康纺织有限及两合公司与国家知识产权局的行政诉讼案中，最高人民法院引用了欧瑞康纺织有限及两合公司二审提交的《现代变形丝加工》一书对推定的技术事实进行论证，以佐证“应将本专利不同类型输送机构的组合配置作为一个整体予以对待”的观点：“《现代变形丝加工》一书记载‘对丝线输送装置、丝条的接触面及包绕角等进行细致的优化，对于获得稳定的高速加工和高质产品是非常重要的’，证明组成供料装置的各个输送机构之间并非相互独立，输送机构的类型和工序配置关系等，均会对最终产品的质量以及效率产生重要影响，由此亦印证了组成本专利供料装置的各输送机构之间构成紧密的配合关系，在认定本专利与最接近的现有技术的区别技术特征时，宜将本专利不同类型输送机构的组合配置作为一个整体予以对待。”[①]由此可知，当最接近现有技术发生变化时，区别技术特征也会发生变化，而证据《现代变形丝加工》的记载进一步强化了裁判者作出技术特征划分的推定技术事实。

笔者以“技术特征 AND 划分 AND 专利”为关键词在北大法宝网站进行类案检索，结果显示二审维持原判有698例，二审改判376例，再审维持原判有55例，再审改判39例，二审改判率达35%，再审改判率达41.49%。上述检索结果显示的改判率远远超过了一般案件的改判率，虽然存在一定的误差，但仍在可控的误差范围内。[②] 由此可见，涉及技术特征划分的案件不仅上诉率高，而且改判率也很高，技术特征划分的不确定性在一定程度上加剧了裁判结果的频繁反转。

二、诱导不当后果主义裁判：以技术特征划分支持预设的裁判结果

（一）技术特征划分的不确定性诱发不当的后果主义裁判

后果主义裁判是一种结果导向的裁判思维，即以裁判者预设的结论反向论

---

① 最高人民法院行政判决书，(2020)最高法知行终279号。

② 参见席月民：《民商事案件二审改判的标准及其规则之治》，载《中国政法大学学报》2018年第3期。

证法律适用的问题，根据结论选择如何解释规则。技术特征划分的不确定性使技术特征划分方式存在多种解释路径，裁判者可以在内心预设具有创造性的或满足等同侵权的结果，可以选择其中一种解释路径来进行技术特征划分，从而论证其主张的技术特征划分方式正确地适用了法律规则。由此可见，技术特征划分的不确定性为法官提供了过多的自由裁量空间，法官显性化地采用一般的从事实到法律适用的裁判逻辑，从而以形式上的一般裁判推理逻辑掩饰心中的后果主义考量。后果主义的法律论证就将法官内心的价值透过结果进入并决定规范解释的过程。① 此时，法官内心自由心证的价值部分难以理性化地被表达出来，除了无法表达的"默会知识"外，也不排除存在枉法裁判的可能，枉法裁判和不当价值考量支撑的结果将对司法的权威性造成严重损害。枉法裁判和不当价值考量被技术特征划分的不确定性吸收和掩盖，容易被归咎于技术特征划分的不同观点。如果法官认定的结论正好与某一方关于技术特征划分的立场和观点契合，那么法官仅需要论证其选择的技术特征划分方式就可得到其主张的结论。本书无意完全否定后果主义裁判，毕竟在普通法系也有形式主义与现实主义之争，无论是一般裁判推理逻辑还是反推的后果主义裁判，只要二者体现的价值是正义的，那么二者追求的目标就仍然是一致的。在后果主义推理中，由于可欲的后果并不能从既存的规则中获得，因此法官有必要超越法律规则，进而求诸实质判断。② 在寻求后果主义推理时，法官应阐释实质正义的价值判断，而不应采用一般法律推理逻辑的形式主义掩盖不当的后果主义考量，否则裁判公信力将因缺乏说服力和理性化而受到影响。

然而，赋予在后果上的价值也可能是非正义的，技术特征划分的不确定性为这种非正义的价值提供了寄生的空间。此外，技术特征划分本身也受到后果主义的影响，根据发明创造的规律，发明人基于现有技术通过创新解决技术问题，其采用的技术方案是经过创造性劳动之后获得的。而在评价权利要求技术方案的创造性等问题上，专利审查员或法官进行的技术特征划分和比对均是在

① 参见王彬：《司法裁决中的"顺推法"与"逆推法"》，载《法制与社会发展》2014 年第 1 期。
② 参见赵力：《论裁判后果主义推理的运作原理》，载《东方法学》2020 年第 1 期。

理解专利文件的基础上进行的，存在“后见之明”，即在专利实务中经常提及的“事后诸葛亮”。

纵然存在“本领域普通技术人员”标准，但在司法实践中，各方引述“本领域普通技术人员”的目的均是强化自身的立场和观点，“本领域普通技术人员”成为各自观点正当性的代名词。对于裁判者而言，技术特征的划分更像是法院在依据当事人双方的陈述酌情进行，①这在无形中将法官的主观性带入到了技术特征的划分中，导致“本领域普通技术人员”的概念最终被架空。

导致“本领域普通技术人员”被架空的原因还在于“事后诸葛亮”式的创造性判断，而“本领域普通技术人员”天然地排斥“事后诸葛亮”，因为拟制的本领域普通技术人员无法看到在后的专利技术。通过考察司法案例，发现关于“事后诸葛亮”的争议大量存在于专利确权程序中，从而影响专利权效力的稳定性。② 所谓专利等同侵权判定，实质上是涉案专利中的技术特征与被诉侵权产品中相应技术特征的区别技术特征是否具有显而易见性的问题，与创造性判断中的非显而易见性的问题具有同一性③。但是，奇怪的是，在等同侵权判定中，即使等同认定中的“事后诸葛亮”现象较少被提及，但裁判者在等同认定中仍不乏从两个技术特征的技术效果入手，再倒推出技术手段基本相同的结论，“本领域普通技术人员无需经过创造性劳动就能够联想到”沦为了符号性用语，缺少真正从“本领域普通技术人员”视角出发和基于“技能水平”的说理判断。④

(二)技术特征划分不确定性下隐性的裁判规则难以理性化阐释

技术特征划分带来的不确定性可能诱发的后果主义裁判，不仅存在于中国

---

① 参见山东省青岛市中级人民法院民事判决书，(2018)鲁02民初595号。

② 笔者以“事后诸葛亮”和“专利”作为关键词，通过“聚法案例”进行司法判例的全文检索，共计检索到253份判决书和裁定书，均为专利行政确权诉讼。这些案件中全部驳回的有93件，维持原裁判的有93件，撤销或改判的有24件，全部或部分支持的有18件。

③ 同一性作为一个哲学概念，被洛克在《人类理解论》一书中首次引用：“我们如果把一种事物在某个时间和地点存在的情形，同其在另一种时间和地点的情形加以比较，我们便形成同一性和差异性观念。”参见黎华献：《知识财产利益权利化路径之反思》，载《现代法学》2020年第3期。

④ 参见最高人民法院民事判决书，(2018)最高法民再111号。

的司法实践中，在美国的司法实务中也大量存在。在美国专利法实践中，在技术特征定义的大小和抽象程度上均不存在成文法上的标准和规定。英国哲学家迈克尔·波兰尼在 1958 年提出了“默会知识”的概念，揭示了“隐性知识”与“显性知识”两种形态的划分和存在。① 司法隐性知识广泛存在于案件裁判的事实建构和法律发现等环节中，成为司法裁判中的隐性规则。② 技术特征作为未被明确定义的概念，以及技术特征划分遵循的未被固化的模糊规则，均是准确适用等同原则的基础。此二者虽隐含于明文的裁判规则之后，却影响甚至决定着裁判结果，可被视为一种隐性的裁判规则。隐性的裁判规则广泛存在于民法法系国家或地区的判例或者先例中，其在性质上是一种裁判规则，在需要的情况下可以充当裁判理由。③ 技术特征的确定和划分具有很强的个案特征，即便最高人民法院进行了较为翔实的阐明，仍难形成类型化的普遍规则。此外，诸如案例一和案例二在技术特征划分上呈现的冲突与矛盾，也会影响典型案例对后续类案的参考价值。

技术特征划分作为一项隐性裁判规则，如何发挥其在指导性或典型性案例中的法源价值是一项极富挑战的研究。在案例中阐明技术特征划分的理由，是法官对技术特征划分的隐性规则的显性化表达。然而，隐性规则的阐明是一种行为规范的再定义，更多涉及价值尺度的考量与平衡，它是主观性的，却也离不开特定的场合和语境，因而也是客观的。④ 这种考量与平衡上的主观性可能诱发裁判者的后果主义裁判，而特定场合和语境的客观性又限制了在先类案的类推适用。最高人民法院《关于统一法律适用加强类案检索的指导意见（试行）》指出，公诉机关、案件当事人及其辩护人、诉讼代理人等提交指导性案例作为控（诉）辩理由的，人民法院应当在裁判文书说理中回应是否参照并说明理由；提

① 参见［英］迈克尔·波兰尼：《个人知识：朝向后批判哲学》，徐陶译，上海人民出版社 2017 年版，第 109－120 页。

② 参见胡学军、涂书田：《司法裁判中的隐性知识论纲》，载《现代法学》2010 年第 5 期。

③ 参见张骐：《论中国案例指导制度向司法判例制度转型的必要性与正当性》，载《比较法研究》2017 年第 5 期。

④ 参见谢晓尧：《竞争秩序的道德解读：反不正当竞争法研究》，法律出版社 2005 年版，第 143 页。

交其他类案作为控（诉）辩理由的，人民法院可以通过释明等方式予以回应。在这一加强类案检索和适用的背景下，在类案之间存在技术特征划分的冲突时，选择符合裁判者主观目的的类案并加以适用反而可能会为裁判者的后果主义裁判提供正当性的理由，造成技术特征规范性的“逃逸”。

隐性规则自身并非变动不居的，而是随着特定社会共同体的认知以及公共政策发生变化。张书青对2007—2016年的最高人民法院关于等同判定标准的司法政策的规律性进行了研究，发现政策呈现宽严有度的变化。[①] 这反映在技术特征划分这一隐性裁判规则上，则可能是技术特征划分的量级有所不同，进而影响等同侵权是否成立。隐性规则阐明的裁判理由也有所不同，这同样揭示了隐性规则的持续演变性和历史性。

后果主义的考量也有其可取的一面。后果考量作为一种外部证成，可以为实质价值判断提供思维方法，能够弥补形式正义的局限性，但是其仍然必须经受逻辑一致性和连贯性的制约。[②] 现实中，为了避免后果主义考量带来的强论证义务，裁判者往往会选择沿用一般法律推理模式来掩盖后果主义考量，从而忽视价值部分的显性化引入以及理性化论证，不仅造成了形式正义的危机，还使实质正义无法彰显或为当事人所感知。

① 参见张书青：《专利侵权等同判定的原则与规则》，载《电子知识产权》2016年第12期。

② 参见王彬：《逻辑涵摄与后果考量：法律论证的二阶构造》，载《南开学报（哲学社会科学版）》2020年第2期。

第四章
技术特征划分的理性化建构：从事实与价值二分到法律推理

仅观察技术特征划分表征出的不确定性现象，在未剖析其背后真正的理论问题之前，尚不能建构起技术特征划分的普遍适用规则，而且还存在一个既迫切又艰难的问题，即如何减少技术特征划分的不确定性？这样一个事实与法律混合的问题，凭借单一事实分析或法律分析显然不能被有效地解决，但似乎二者又难以区分，这造成理论界和实务界选择性地不去触碰或忽略这一根本性问题，而是直接从个案上寻求问题的解决。但个案中的技术特征划分本身面临组合与拆分的冲突和困扰，这种冲突与困扰体现在国家知识产权局、各级人民法院在案件中基于同一规则适用下的左右摇摆，造成形式理性的缺失，同时也难以阐释其价值理性。若不对技术特征划分失范予以治理，将对专利确权和侵权判定的裁判公信力造成影响。本章将揭示技术特征划分背后的理论问题，从而以理论为基点建构技术特征划分的规范性。

第一节 技术特征划分的属性

一、事实与价值二分的休谟问题：单纯的事实判断无法推导出价值判断

（一）事实与价值的分野

在法律科学中，事实问题与法律问题通常被视为两个可相互分离的问题，在我国司法裁判中往往将二者区分为事实认定问题和法律适用问题。从主客观方面来说，法律事实未必是客观事实，但法律事实确有客观的属性，而法律适用是基于已认定的事实进行法律规则的适用，具有主观性。事实问题主要是描述性的，而法律问题主要是规范的评价，是价值的一部分。事实问题应依据证据法裁判原则予以认定，法律问题应根据法律规范确立的价值评判标准予以确定。① 如同事实与法律一样，事实与价值几乎也同样符合上述情况，而价值范畴涵盖了法律。1737 年，英国哲学家休谟在其著作《人性论》中从伦理学角度对事实与价值问题进行了经典的阐述，②并被公认为是伦理学或价值论领域休谟问题的来源。③ 休谟问题的本质在于事实与价值的二分，单纯的事实判断无法推导出价值判断。在规定主义者看来，价值判断是规定性的，具有规范、约束和指导人行为的功能。相对于传统逻辑而言，推导价值命题的逻辑属于另一个独立的领域，事实判断和价值判断之间仍存在不可逾越的逻辑鸿沟，单纯从事实判断是推不出价值判断的。④

事实与价值二分的原理表现在逻辑推理的具体层面中，如黑尔在《道德语言》中提到："命令句不能出现在一个有效推论的结论中，除非在前提中至少有

---

① 参见李会彬：《刑法因果关系中事实判断与规范评价的区分》，载《政治与法律》2022 年第 4 期。

② 参见［英］休谟：《人性论》（下册），关文运译，商务印书馆 1996 年版，第 509－510 页。

③ 参见孙伟平：《事实与价值：休谟问题及其解决尝试》，社会科学文献出版社 2016 年版，第 8 页。

④ 参见韩东屏：《实然·应然·可然——关于休谟问题的一种新思考》，载《江汉论坛》2003 年第 11 期。

一个命令句,这一规则寻求考虑一般逻辑就可以得到确认。"[①]在休谟认识到事实与价值二分之前,这似乎并不是一个问题,人们并没觉得将事实与价值混杂在一起有什么不妥,只是休谟觉察到了这个现实的现象,并被后来的哲学家上升至经典理论问题的高度。事实与价值二分源于事实与价值遵循不同的判断逻辑。事实与价值分立的意义在于:事实是客观的,它以是否为"真"作为判断标准,而价值是主观的,它依循"善"或"恶"的评价体系;客观真理只存在于事实领域,价值领域则因其不具有客观性而无真理要求。[②] 倘若不对事实与价值进行区分,价值问题就会被当作事实问题,以致不断地寻求事实层面的方法路径来解决价值层面的问题,最终导致价值层面的价值因素被忽略,问题的解决失去了价值上的共识和道德基础。事实问题被当作价值问题,削弱了事实问题本身的客观性,而价值的规定性和评价性也使参与主体没有充足的动力去追求客观事实。

(二)如何沟通事实与价值

将事实与价值二分并非要制造事实与价值的对立,毕竟二者对立并不会有助于事实与价值混杂问题的解决,反而会加剧问题的复杂化。也就是说,即便厘清事实与价值的二分以及二者的异质性,问题的解决仍然需要回到如何沟通事实与价值的问题上,以解决具体问题中的休谟问题。因此,休谟问题本质在于被识别,同时找到解决的路径,并予以理性化建构,否则难以获得所在共同体的广泛认同,即普遍性和可接受性。

在历史上,中西方学者围绕休谟问题的解决提出了多种方案,包括惯例事实法、本质发现法、事实与价值互渗法、主词分析法和逻辑创新法五种解决方案。[③] 在笔者看来,这些方法本身仍旧在走原来的老路,即将原来事实与价值不分的一些现象进行类型化展示,或者采用类似于司法裁判中的修辞,但这些

---

① R. M. Hare, *The Language of Morals*, Oxford University Press, 1952, p. 32.

② 参见焦宝乾:《事实与规范的二分及法律论证》,载《法商研究》2005 年第 4 期。

③ 参见韩东屏:《实然·应然·可然——关于休谟问题的一种新思考》,载《江汉论坛》2003 年第 11 期。

都不是实现沟通事实与价值的理性化方法，因此并未真正解决事实与价值二分的问题。孙伟平翔实地分析了事实与价值二分的休谟问题，并尝试以实践方式、逻辑方式来沟通事实与价值，从而解决具体的休谟问题。[①] 将事实与价值问题混杂在一起解决会忽视事实与价值之间的沟通，即便意识到这一点，若不能使其建构和论证理性化，则无法获得类似司法裁判的普遍性和可接受性。即便完成了事实与价值的沟通和推理，价值推理自身仍面临规范性推理的相关形式系统粗糙、简陋和不完整等问题，难以真正应用于价值生活实践，甚至在应用过程中还产生了一些与常识和直觉相违背的悖论。[②] 确定价值推理的逻辑和方式后，针对不同的具体问题，价值推理在路径设计上也存在差异。因此，解决具体领域的休谟问题关键在于建构沟通事实与价值的推理以及价值推理的逻辑，从而保障了形式理性和价值理性。例如，在司法裁判领域，司法理性是司法裁判权威性的基础，但法律的不确定性和事实的不确定性影响和制约着司法裁判理性化的实现。司法裁判的理性化要求是法律自身理性化要求的必然结果，法律的不确定性和事实的不确定性不仅是影响和制约司法裁判理性化的实现程度，还是司法裁判理性化需要努力克服的对象。[③] 理性化要求不能将公共政策在内的法外资源直接作为裁判依据，所谓的理性化也显然并不仅仅是形式理性，法外资源作为一种价值选择，进入裁判必须运行在法治轨道上，借助法律系统内部的程序和实体转介机制加以实现。[④] 进入法律系统内部的价值若要通过程序和实体转介，势必要经过理性化的彰显过程，现代立法是由代议制立法机构自觉有意识地制定和创造的，可见立法本身就是一种理性化的过程。[⑤] 但价值如何在法律适用中、在事实与价值之间形成理性化建构和逻辑化推理，仍然是理性化彰显的难题。

---

① 参见孙伟平：《事实与价值：休谟问题及其解决尝试》，社会科学文献出版社2016年版，第235－312页。

② 参见孙伟平：《事实与价值：休谟问题及其解决尝试》，社会科学文献出版社2016年版，第314－315页。

③ 参见王国龙：《裁判理性与司法权威》，载《华东政法大学学报》2013年第4期。

④ 参见宋亚辉：《追求裁判的社会效果：1983—2012》，载《法学研究》2017年第5期。

⑤ 参见苏国勋：《理性化及其限制》，商务印书馆2016年版，第217页。

二、技术特征划分中的事实与价值二分:确立技术特征划分的事实与价值

(一)技术特征划分中的事实部分与价值部分

在司法实践中,技术特征划分常常被当作单纯的事实问题来对待,参与各方通过技术特征的比对以及现有技术等证据来支撑其技术特征划分的观点,以技术特征划分为基础获得区别技术特征。然而,如果根据得到的区别技术特征决定是否具有创造性或是否构成侵权,那么不同的区别技术特征划分会导致创造性或侵权判定结果迥异。正如前文所述,技术特征划分存在不确定性,倘若将技术特征划分视为单纯的事实问题,那么由区别技术特征划分直接推导出创造性或侵权判定的结果,不符合休谟问题揭示出来的规律。对此,不禁让人反思:技术特征划分是否仅仅是事实问题?从单纯的事实问题又如何推理出的价值判断?技术特征划分若为事实与价值混杂的问题,那么又如何区分技术特征划分中的事实部分与价值部分?如果技术特征包括价值问题,是否可以进行技术特征划分的鉴定?

事实是人的"实践—认识"活动对象自身的客观存在状态,体现着主客体关系中客体的尺度。而价值作为客体的存在、性质和运动与主体的本性、目的、需要与能力等是否合适、是否一致,体现着主客体关系中主体的尺度。[①] 在上述问题和疑惑的引导下,沿着事实与价值的主客观属性尺度分析,即根据事实与价值表现出的不同属性来区分技术特征划分中的事实与价值部分,这让我们不得不回到技术特征或权利要求的表达上。技术特征的表达是一种技术事实以文字形式呈现的客观存在状态;技术特征比对的对象为现有技术的相关技术特征或被控侵权产品的相应技术特征,同样也处于客观存在状态。上述情况构成了技术特征划分的基础事实,对基础事实部分的认定是主体对客体的本质和自身规律的认识和把握。但通过两种客观状态的比较或比对获得的是二者的

① 参见孙伟平:《事实与价值:休谟问题及其解决尝试》,社会科学文献出版社2016年版,第145页。

区别点，在未加入规范化解读和识别的情况下，上述区别点仍然是一种客观存在状态。

上述过程从表面上看似乎是事实层面的问题，虽然主体寻求的也是客体比较结果之区别点的客观性，但在认识过程中仍然很容易带入主体的价值因素即技术特征的技术功能，因为在技术特征的划分和比对中，价值判断已被不知不觉地植入技术特征的概念或定义中。因此，技术特征的比对虽然基于基础事实，但其基于技术特征概念蕴含的价值判断导致技术特征划分向价值层面偏离。就事实层面的客观性而言，不同人群观察到的情况可以被再现。[①] 而技术特征划分却呈现出不确定性，这导致其客观性被侵蚀，不同的价值考量几乎决定了区别技术特征及其量级。技术特征的划分和比对的结果又会进一步被当作推定事实，如区别技术特征“是”什么的判断，成为是否满足创造性和侵权判定的基础条件。如此这般，技术特征划分从基础事实到价值判断，再形成推定事实，最终又回到价值判断。由此可见，技术特征划分依据的权利要求和比较的现有技术或被控侵权产品的存在是事实判断，即权利要求“是”什么、现有技术或被控侵权产品“是”什么以及区别点“是”什么。技术特征划分建立在技术特征或其自身的定义上，以“应该结合发明的整体技术方案，考虑能够相对独立地实现一定技术功能并产生相对独立的技术效果的最小技术单元”[②]为划分标准，由此得到区别技术特征。通过技术特征划分“应该”遵循的标准或规则，可知技术特征划分的价值属性。此时，技术特征划分就与其依赖的基础事实得以区分，获得的区别技术特征在二者的结合下成为一种涵摄于规则之下的推定事实。推定事实具有一定的客观性，但由于加入了技术特征划分的规范定义，推定事实具有了价值维度。推定事实具有客观性，但又因经过规范的裁剪，也就具有了可反驳性。[③] 在选择的现有技术不同或者被控侵权产品变动导致基

① 参见[美]理查德·A.波斯纳：《法理学问题》，苏力译，中国政法大学出版社2002年版，第151页。

② 最高人民法院民事判决书，(2020)最高法知民终426号。

③ 参见叶自强：《论推定的概念、性质和基础事实》，载《法律适用》2021年第9期。

础事实变动之后,推定事实也就自然地变动,对技术特征划分规范的不同适用则推定事实随之变动。

(二)司法实践中技术特征划分中的事实部分与价值部分未被区分

在司法实践中,技术特征划分经历多次从事实到价值和从价值到事实的推理,而其中的事实与价值二分问题却几乎未被提及,一切就只是基于基础事实的论证说理,忽略了事实与价值之间如何区分与沟通的问题。即使基于相同的技术特征划分,也会存在由等同原则的不同适用引发的对于等同侵权判定是否成立的不同意见。如在成都市劲才智能科技有限公司、诸城市润发食品机械有限公司侵害发明专利权纠纷案中,双方当事人对技术特征的划分并无异议,一审法院和二审法院均认可区别技术特征为涉案专利权利要求 1 中的相应技术特征“工作容器内腔的轴向沿水平方向设置”,而被诉侵权产品相应的技术特征为“工作容器内腔轴向倾斜固定设置”。一审法院认为二者不构成等同,但二审法院则认为二者构成等同。[①] 在上述案件中,二审法院将“被诉侵权技术方案是否落入涉案专利权的保护范围”作为争议焦点,这一争议焦点本身就是一个事实与价值的混合问题,涉及对客观存在的认识,由于各方主体就划分的区别技术特征存在共识,因此区别技术特征的属性就被客观化,具有更强的客观尺度。获得区别技术特征的共识并非技术特征划分的终结,基于区别技术特征的比对来判断是否构成等同侵权是一个价值层面的问题,即在区别技术特征与所比较之对象业已固定的情况下,在等同原则具有的形式规则下,基于区别技术特征的比对来判断是否构成等同侵权更符合价值评价。换言之,区别技术特征与被控侵权产品相应的技术特征之间的误差是否在等同原则的辐射范围内,这是造成一审法院和二审法院观点不同的原因。在司法裁判过程中,法院都采用了对技术进行说明和论证的方法来解释误差的大小和等同原则的辐射范围,而事实化的说明显然无法论证二者价值上的偏差。二审法院对原审法院的某些认定作出了“原审法院认定上述特征不构成等同错误,本院依法予以纠

---

① 参见最高人民法院民事判决书,(2021)最高法知民终 710 号。

正”的评价，这在一定程度上将等同看成了一种事实问题。从事实与价值二分的维度上看，在当事人对区别技术特征有着共识的情况下，聚焦于等同的认定更多地停留在价值的评价分析，案件的裁判解决看似以事实问题进行论证，但实际上是一审法院和二审法院对于比较之误差以及等同原则辐射范围的不同认识，是主观认知的差异与价值评价的不同。

在司法实践中，事实与价值不分的情况还大量存在于技术事实查明机制中。技术调查官可能超出技术事实范围作出法律判断，而法官往往依赖该技术调查意见，简单地将其异化为判决书中作为判决依据的事实认定，实质上是将直接影响法律适用及裁判走向的事实认定权让渡给技术调查官。① 隐藏在其背后的机制是，技术调查官应当仅限于技术事实的调查，不应针对价值层面的法律问题给出结论，也不应将价值问题隐藏于事实认定当中，否则容易使技术调查官隐形地行使司法裁判权，造成“影子法官”的现象。② 知识产权司法鉴定通常仅鉴定事实部分而不涉及价值部分，但实务中长期存在事实与价值不分的现象，这导致司法鉴定“染指”了本属于价值层面的法律适用，同样也可能侵蚀法官的司法裁判权，用司法鉴定代替了司法裁判。2000 年，司法部发布了《司法鉴定执业分类规定(试行)》，其中第 16 条规定，知识产权司法鉴定范围包括“根据技术专家对本领域公知技术及相关专业技术的了解，并运用必要的检测、化验、分析手段，对被侵权的技术和相关技术的特征是否相同或者等同进行认定”等。这种将价值尺度较大的区别技术特征确定和等同认定作为事实问题进行鉴定的做法混淆了事实与价值的区分，有待商榷。略感庆幸的是，已经有学者意识到，在司法鉴定中，对被侵权的技术和相关技术的特征是否相同或者等同进行认定关涉技术特征的划分，技术特征的划分又会带来不确定性，从而导致鉴定结论的不确定性。③ 颇感遗憾的是，该学者并未从事实与价值二分

① 参见杨秀清：《我国知识产权诉讼中技术调查官制度的完善》，载《法商研究》2020 年第 6 期。

② 参见杨秀清：《我国知识产权诉讼中技术调查官制度的完善》，载《法商研究》2020 年第 6 期。

③ 参见于波、祖子涵：《知识产权鉴定中技术特征分解方法的选择——以专利为视角分析》，载《中国司法鉴定》2021 年第 6 期。

的问题上反思或质疑相同或等同认定,仅从规则的建立和不确定的克服上进行了论述。笔者曾向某位从事专利审判的法官请教技术调查官制度,得知之前部分技术调查官的技术调查意见涉及了等同的判定,后来法官逐渐地不让技术调查官对等同的认定作出相应的判断,否则有技术调查官代替法官判案之嫌。在反思技术调查官以及司法鉴定对价值问题的查明或鉴定时,法官认识到,若技术调查意见和司法鉴定书给出了等同判定的结论,虽然法官可以将之作为一个判案的正当性依据,正好迎合了法官急于处理积案的心理,但长期来看,以技术调查意见和司法鉴定书代替法官审判必将逐渐侵蚀司法的权威性。因此,法官也"醒悟"了过来,开始拒斥技术调查意见和司法鉴定书对技术特征的相同或等同作出认定。

在上海力佳缝纫机有限公司与重机公司(JUKI 株式会社)侵害发明专利权纠纷案中,一审法院就进行了两次鉴定。在第一次鉴定中,鉴定机构上海市科技咨询服务中心进行了技术特征的划分,并将专利与被控侵权产品进行比对,向一审法院先后出具了沪科技咨询服务中心(2007)鉴字第 015 号鉴定报告书和沪科技咨询服务中心(2009)鉴字第 15 - 1 号补充鉴定报告书。在上述鉴定报告书中,鉴定人员认为专利权利要求 1 中包含"前缘上具有一个位置固定、作用明确的面线承线点,后缘上也具有一个位置固定、作用明确的面线承线点"这一必要技术特征,[①]然而,在涉案专利权的权利要求 1 中并无"位置固定、作用明确"的限定,这一限定乃是由鉴定人员自行解读加入,并以此为由直接得出了涉案被控侵权产品缺少这一技术特征、未落入权利要求保护范围的结论,造成了以技术事实查明左右审判的后果。之后,一审法院重新委托鉴定机构进行了第二次鉴定,后者给出了不一样的技术认定分析:"当面线供应到最大值时,面线分别与前缘和后缘接触的承线点并不是提线杆前缘和后缘上固定不变的机械结构,而是在面线供应到最大值的瞬间,面线分别由提线杆前缘和后缘支承的位置。"第二次的鉴定结论显示,被控侵权产品落入了权利要求 1 的保护

① 参见上海市第一中级人民法院民事判决书,(2007)沪一中民五(知)初字第 116 号。

范围。在本案中，一审法院和二审法院都审慎地对待了鉴定结论，从而避免了错误的鉴定结论影响最终审判的结果。但值得警惕和反思的是，司法鉴定是否应当将技术特征划分和比对纳入鉴定范围？即便不考虑价值层面的因素，鉴定结论确定的所谓技术事实也可能与法官对于技术方案的整体认定存在差异。由此可见，若不对事实部分与价值部分进行区分，将导致司法鉴定或技术调查官过多地介入法律适用的价值部分，而法官对于涉及价值评价的鉴定报告或技术调查意见也应当保持警惕，避免司法裁判的职能被削弱，或者囿于技术鉴定结论而影响法院作出正确的裁判说理和论证。

三、技术特征划分和比对失范的原因：事实与价值沟通的理性化困境

（一）技术特征划分中事实和价值的沟通困境

技术特征划分和比对呈现的问题并非事实与价值无法沟通，而是事实与价值往往不作区分，导致在技术特征划分和比对中事实与价值混杂在一起，掩盖了事实与价值的沟通问题。正是由于这样的混杂，当技术特征划分和比对需要被当作事实问题求解时，它就会被用解决事实问题的方式对待；当它需要被当作价值问题求解时，它就会被用处理价值问题的方式处理。从事实中可能随意地推理出价值，而价值又无法理性化地影响事实判断。事实是客观的，并不以主观的意志为转移，而价值却是多元的，价值判断总是随着情境的变化而变化，没有统一的、绝对的价值，只有特定语境中的价值。[①] 价值的变化与当时的社会基础密切相关，不同国家和民族拥有不同的价值偏好，同一个国家和民族在不同的历史时期呈现出的价值观也不尽相同，例如古代社会崇尚的男尊女卑在现代男女平等的普遍价值下被抛弃。我国指导性案例在一定时期内反映了当时的价值，而部分指导性案例的退出或废止也反映了原有的指导性案例呈现的价值与当下社会现实认可的价值已发生了错位。正因如此，部分指导性案例在

---

① 参见熊文聪：《作为认识论的事实与价值二分法——兼论自然权利与法定权利之争》，载陈金钊、谢晖主编：《法律方法》第14卷，山东人民出版社2013年版。

一定时期后不再被参照。“法律必须稳定,但又不能一成不变”①,从相对稳定的事实中难以推理出唯一的价值评价或判断,如何建立事实与价值的沟通,从而从事实中推理出价值,亟待确定相应的理性沟通机制。

普通民众时常将事实问题与价值问题混为一谈,鉴于这一思维惯性普遍存在,立法者或法官“将价值问题‘假扮’成事实问题”,利用这一修辞技巧使其价值取向为人们理解和接受,从而节约了解释成本,起到了降低论证义务的作用。② 裁判者在技术特征划分时也面临同样的问题,技术特征划分的量级经常被当作事实问题,其背后则是技术功能抽象化程度的价值判断,或者说是裁判者内心确立的创造性等价值,这些价值借由技术特征划分的转介功能进入事实问题当中。虽然司法裁判给出了具体纠纷的裁判结论,但却无法上升为司法理性,饱受诟病。

如果只是单纯从事实层面比较技术特征是否相同,那么技术特征的划分似乎无须遵循一定的规范,可以根据文本、零部件或技术功能大致进行划分,也不用计较个别技术单元应当归入哪一技术特征,只需考虑比对后的区别点,故在事实层面上技术特征的划分是失范的。基于失范的技术特征划分,技术特征比对得到的区别技术特征自然也无法仅因事实因素就被纳入规范的判断,只能运用裁判机关提出的技术特征或其划分的定义来施加划分的规范。“事实与价值二分”这个休谟问题隔绝了事实与规范之间相互推导的可能性,因此规范性与事实性成为不可同时兼得的目标。③ 裁判机关提出的技术特征或其划分的定义指向的规范并不具有法律规范的普遍性,即便存在这样的普遍性,法律规范的价值也是多元和动态的。而从比对的区别点到区别技术特征是从事实到规范的涵摄,不能从技术事实推导出需要价值评价的技术特征划分。通过不同程度的技术功能抽象化来获得区别技术特征,如此一来,技术特征划分中事实

① [美]本杰明·N. 卡多佐:《法律的成长》,李红勃、李璐怡译,北京大学出版社 2014 年版,第 14 页。

② 参见熊文聪:《作为认识论的事实与价值二分法——兼论自然权利与法定权利之争》,载陈金钊、谢晖主编:《法律方法》第 14 卷,山东人民出版社 2013 年版。

③ 参见陈景辉:《实践理由与法律推理》,北京大学出版社 2012 年版,第 37 页。

和价值的沟通困境便呈现出来了。

（二）技术特征划分中价值部分的理性化困境

对价值判断进行理性化是艰难的，恰如比利时修辞学家佩雷尔曼所言："价值判断的逻辑根本不存在。"[①]提出事实与价值二分的哲学家休谟同样在情感主义与理性主义之间选择了情感主义来解释道德，并认为道德无法被理性化。休谟特意区分了标准和意志，认为道德标准是一回事，使道德标准约束意志、产生具体的道德又是另外一回事；由于理性没有活动性，不能证明标准和意志之间的联系是必然的，故理性不能成为道德的根源。[②] 在他们眼里，价值领域的逻辑推理更像是自说自话，容易使价值的取舍陷入循环论证，如此一来也会得到一个悖论——司法裁判无法被理性化。但从司法裁判实践来看，若无法理性化或未被理性化，又如何树立司法权威？许多经典的案例备受认可和推崇不正是因为案例本身所蕴含的司法理性吗？但是，在笔者看来，所谓的价值无法被理性化仍然是建立在事实与价值完全二分的前提下的，倘若实现了事实与价值的理性化沟通，那么价值部分的理性化问题也就迎刃而解了。再者，即便将价值部分与事实部分二分，价值部分也并非完全与事实无关，事实当中势必也掺杂了人类普适的价值。当然，事实与价值的关联或混杂并不能回答价值部分的理性化问题，只是在重述事实与价值难以区分的现象。在克服价值理性化难题的过程中，论证理性如何才能具有活动性尤为重要，只有回答了这一问题才能证明道德不仅仅是感性的对象，同时也是理性的对象。[③]

基于上述论证，价值部分的理性化虽然存在困难，但也绝非没有可能。技术特征划分中的理性化难题是直观可见的，技术特征划分量级的不确定性源于其依据的技术功能的抽象化程度不同，而技术功能的抽象化程度又难以通过形式理性加以规范化，裁判者对于整体性在多大程度上介入区别技术特征的判断

---

① ［比利时］Ch. 佩雷尔曼：《逻辑学与修辞学》，许毅力译，载《哲学译丛》1988 年第 4 期。

② 参见杨泽波：《我们应当如何理解休谟伦理难题？——兼评孙伟平博士的新著〈事实与价值〉》，载《中州学刊》2002 年第 4 期。

③ 参见杨泽波：《我们应当如何理解休谟伦理难题？——兼评孙伟平博士的新著〈事实与价值〉》，载《中州学刊》2002 年第 4 期。

又不相同,在这一系列过程中,显然难以将技术特征划分予以理性化。综上所述,技术特征划分的理性化困境仍然是实现技术特征划分的难题,要解决这一问题,需要在理论上进一步创新和论证。

第二节　技术特征划分的理性化路径

一、沟通事实与价值路径选择:实践理性

(一)规范性在理由的作用下实现理性化

哈特曾以记分员的例子说明裁判的权威——任何记分员在适用规则时均可能犯错,纠正记分员错误的为更高一级的权威,但必须终止于最后的权威性裁决。[①] 最后的权威性裁决作出了相应的价值选择,但若缺乏理性化的建构,权威的裁判机关只以强权作为真理,则权威本身将反噬司法裁判的权威性。美国法官罗伯特·杰克逊(Robert Houghwout Jackson)曾有一句名言:"我们并非是因为一贯正确而成为最终权威,而是因为我们是最终权威才一贯正确。"[②]从中不难看出法律适用的不确定性和法律推理的理性化困难。首先,需要澄清的是,笔者虽有意减少技术特征划分中存在的不确定性,但也深知几无消除可能,即便是形式理性下细致入微的法律规则仍不免存在适用上的不确定性,更何况在技术特征划分中尚未建立起具有普遍性的适用规则。规则的形式理性是克服不确定性的重要方式,但在面对多变复杂的社会时,具有较高确定性的规则并不易在本书讨论的技术特征划分中产生。考虑到价值转介的需要,过于强化形式理性将限制司法政策的引入,此时有限的形式理性仍面临着不确定性。可以说,对于形式理性的追求虽可加强,但我们也应当承认这样的现实,而不应对规则的确定性抱有不切实际的幻想。由于人类理性的局限,人类没有足够的能

① 参见[英]哈特:《法律的概念》,张文显等译,中国大百科全书出版社 1996 年版,第 141 页。
② Brown v. Allen,344 U. S. 443 (1953).

力预知所有可能发生的两种或两种以上的利益冲突，也没有足够的能力预知在这些价值目标相互抵触时该如何取舍、平衡，在此种条件的限制下，一味地追求绝对的确定性就会超出人类理性能力的限度。① 一个理性的论证或判断，从广义上看，应该全面考察所有与解决某一规范性问题有关的事实，根据历史经验洞识捍卫规范性解决方案中固有的价值判断。这种累积的理性的力量具有高度的说服力。②

理性本身蕴含着规范性的要求，正如规范实在论者认为的那样，“一个概念或语词或者一个规范判断与命题是规范性的，是由于它们是世界的规范部分或一个特征，表现为某种规范事实、实体、属性、功能或关系”③。有学者已对裁判规则的规范性有详尽的论述，并指出裁判规则具有规范和约束法官的自由裁量权的作用。④ 裁判规则体现的规范性固然可以约束法官的司法裁判，但规范性要求下的理由才是推动法官自觉地适用规则以及获取普遍共识的意识性力量。规范性的要求对于主体而言是一种“应当”遵守的要求，而主体在内心是否受此约束却需要理由的支撑。也就是说，理性化并不仅仅在于建立规范性，还需要寻求规范性的实践理由。理由是认识规范性的起点，离开了理由，规范性的事物就无可分析。⑤ 斯坎伦（T. M. Scanlon）借助“理由”概念来解释规范性意识，并认为与任何意识因素无关的状态或事件被明确排除在规范性意识中的理由之外。⑥ 由此可见，“理由”是道德或价值层面的，那么无论规范性还是基于规范性的理由均是价值层面的，因此存在于价值层面的价值问题具有可理性化空间。但纯粹价值问题的理性化无法解决事实层面的问题，沟通事实因素仍是解决技术特征划分之理性化的唯一路径。

---

① 参见郑成良：《论法律形式合理性的十个问题》，载《法制与社会发展》2005年第6期。

② 参见[美]E. 博登海默：《法理学：法律哲学与法律方法》，邓正来译，中国政法大学出版社2017年版，第276页。

③ 刘松青：《存在“规范事实”吗?》，载《中国人民大学学报》2018年第5期。

④ 参见张骐：《论裁判规则的规范性》，载《比较法研究》2020年第4期。

⑤ 参见陈景辉：《实践理由与法律推理》，北京大学出版社2012年版，第43页。

⑥ See T. M. Scanlon, *What We Owe to Each Other*, The Belknap Press of Harvard University Press, 1998, p. 20.

技术特征具有一定规范意义，但还不是具有普遍性的概念，裁判者对技术特征的运用基于规范性意识的需求，技术特征的划分则是对规范事实的判断，并不完全是对客观事实的判断。规范性本身凝结了法律推理的理论，法律推理的理论不仅仅止步于法律推理的实践，还要抽象出某些基本要素以形成系统性主张，这些主张就会为法律推理的人提出规范性的要求。① 在司法裁判中，技术特征的规范性隐藏于技术特征的划分和比对中，未被有效地识别和重视，而前述案件之间的矛盾和冲突使技术特征的规范性要求显性化。笔者在此意在探讨技术特征划分之价值部分的可理性化，至于如何沟通事实部分以及使之完成理性化建构，其答案并非法院自身的权威，而是探求沟通事实与价值的理论工具，从而将其运用于法律推理以获得司法理性。

（二）沟通事实与价值的实践理性

司法推理三段论的要素包括大前提、小前提和结论，大前提往往是价值判断中的规范判断，小前提则为事实判断，结论则属于价值判断中的评价判断。由于事实与价值存在二分属性，因此即使面对同一法律事实，不同的法官也可能做出不同的法律价值判断，相应得出不同的判决结论。可见，横亘在事实与价值之间的逻辑障碍仍然是法律推理迈向理性的难题，事实与价值对立的困惑如果仅仅停留在理论的层面恐难以获得理想的解决方案。从人类发展的历史维度看，人类理性的发展是基于对客观世界的认识和改造，人类早期理性的习得更在于经验，而非形而上学的纯粹理性。经验便是人类劳动和实践的产物，被人类抽象化成理性化的知识。正如马克思所言："我们看到，理论的对立本身的解决，只有通过实践方式，只有借助于人的实践力量，才是可能的；因此，这种对立的解决绝对不只是认识的任务，而是现实生活的任务……"②马克思主义倡导的实践理性是人类长期实践形成的普遍事实，这一事实内化于其所在共同体的价值中，具有了价值上的普遍性。人们将经验的把握上升为对事实本身

① 参见陈景辉：《实践理由与法律推理》，北京大学出版社2012年版，第12页。

② 中共中央马克思恩格斯列宁斯大林著作编译局编译：《马克思恩格斯全集》（第3卷），人民出版社2002年版，第306页。

的评价，例如，从衣着打扮给出自己的价值评价，或气场强大，或谦虚有礼，这些都是人们内心基于自身经验的抽象形成的理性思维。“事实如何的前提与应该如何的结论之间有一断裂，连接这一断裂的桥梁只能是当事人从事相关活动或实践的愿望。”①我国明代思想家王阳明倡导的“知行合一”理念既包含对事物的认识，还包括通过意识去支配实践，从而连接了事实与价值，成为中国古代构筑实践理性的一种尝试。王阳明虽未能从逻辑上将实践理性作为沟通事实与价值的路径，但其倡导的“知行合一”与西方哲学中的实践理性不谋而合。

休谟从情感主义看到理性，理性只被限定在事实知识领域，在价值领域难有作为。休谟提出了事实与价值二分的休谟问题，却又堵住了将理性用于解决事实与价值沟通的路径。恩格斯在《反杜林论》中从实践和现代社会的三大阶段出发形成的伦理判断，超越了休谟的经验主义和不可知论：“人们自觉地或不自觉地，归根到底总是从他们阶级地位所依据的实际关系中——从他们进行生产和交换的经济关系中，获得自己的伦理观念。”②可见，伦理道德的根源不应该从人的头脑中去寻找，而应从生产方式和交换方式的变更中去寻找；不应从有关时代的哲学中去寻找，而应从有关时代的经济事实中去寻找。③ 实践理性从根本上对休谟问题予以了科学解答。在法律价值领域中，以对实践理性之本质差异性的认识为深层根源，法律实践应当满足价值要求，形成极具多元性的立场。④ 基于多元的价值立场，在实践中引入价值推理机制，从而完成从事实到具体价值的理性化建构。价值推理的基本公理是法官从事实判断向价值判断、从价值判断向规范判断跨越的逻辑依据，并被用来填平事实判断与规

---

① W. D. Hudson, *The Is - Ought Question*, *A Collection of Papers on the Central Problem in Moral Philosophy*, Cambridge University Press, 1969, p. 102 - 111. 转引自张继成：《从案件事实之“是”到当事人之“应当”——法律推理机制及其正当理由的逻辑研究》，载《法学研究》2003 年第 1 期。

② ［德］恩格斯：《反杜林论》，中共中央马克思恩格斯列宁斯大林著作编译局译，人民出版社 1999 年版，第 96 页。

③ 参见郑婉君：《批判与超越“休谟问题”：〈反杜林论〉的解读及其当代价值》，载《华北电力大学学报（社会科学版）》2022 年第 1 期。

④ 参见陈征楠：《法律价值的系统论格局》，载《中国法学》2022 年第 2 期。

范判断之间的逻辑鸿沟。① 在司法裁判中,价值推理须经由法律推理转介才能适用于具体的法律事实场景,从而以价值来影响推理结果。②

不同利益主体之间的矛盾在于主体自身的欲望、需求不同,从而导致不同利益主体的价值评价不同,这些矛盾并非逻辑上的矛盾,而是利益主体之间的利益冲突。调和不同利益主体的价值冲突存在制度性价值衡量的可能性:对于同质价值而言,价值之间具有可通约性,容易在法律推理的价值评价中形成共识;而在异质利益的衡量中,价值冲突存在于两个不同的事物之间,可以在实践过程中加以衡量,运用人类的实践理性对冲突的利益通过比较而加以取舍和选择。③

综上所述,实践理性在理论上实现了沟通事实与价值的功能,并在多元化价值或价值冲突中起到了价值衡量的作用,实现了价值推理的理性化。本书尝试将实践理性作为一种可行路径应用于法律推理中,以解决技术特征划分中的事实与价值沟通的问题。接下来,笔者将从司法推理中探索技术特征划分的理性化路径,并予以建构。

二、基于技术特征划分的法律推理:实践理性在司法推理中的应用

(一)技术特征划分在司法推理中的逻辑

法律推理是一项极具挑战性的工作,既要从事实查明中获取法律事实,还要根据法律规范进行法律适用。法律适用的过程涉及法律解释以及价值评价,也正是在这个过程中,法律推理完成了从事实到价值的沟通以及价值推理。法律推理往往以司法推理为主,若无特殊说明,本书中的法律推理即为司法推理。只有当我们从理论上彻底地了解法律推理的逻辑机制及其正当理由,法官对法

① 参见张继成:《法律价值推理的方法及其公理》,载《东岳论丛》2005 年第 1 期。

② 参见谢晖:《论诸法学流派对法律方法的理论支援》,载《法律科学(西北政法大学学报)》2014 年第 2 期。

③ 参见梁上上:《利益衡量论》(第 2 版),法律出版社 2016 年版,第 78 页。

律推理的适用才会由自发转化为自觉,法律推理才能成为一种理性工具。[①] 在专利领域的纠纷中,法律推理被应用于确权诉讼和侵权诉讼。经典的司法三段论推理就是在法律规范确定的大前提下,寻找具体的事实要件这个小前提,最后依三段论得出判决结论的过程。[②] 无论是创造性判断还是侵权判定,司法推理总是将区别技术特征作为事实部分,以创造性或侵权判定的法律规定[③]作为适用的法律,建立事实与规范之间的沟通,并得出最终的裁判结论。技术特征划分只是被当作单个司法推理中的一个事实环节而已,笔者将技术特征划分从事实与价值的混杂中分解出来,以此构筑一个更微观的司法推理。张钰光曾在法律推理中进行内部正当化(微观正当化)和外部正当化(宏观正当化)的区分,这在一定程度上可以为本书在更微观层面上对技术特征划分进行司法推理予以佐证。[④] 由此可见,在实际司法审判中,法律推理实际论证活动往往并非单一的三段论推理,而是一系列三段论的组合。[⑤]

技术特征的划分核心在于确定区别技术特征,从微观的司法推理三段论出发,重构技术特征划分的推理过程。技术事实基础是将基于权利要求固定的表达与某一现有技术或被控侵权产品比较后得到的区别点[⑥],这些区别点便是技术特征划分的事实基础。大前提是技术特征划分的定义,技术特征划分应该结合发明的整体技术方案,考虑能够相对独立地实现一定技术功能并产生相对独立的技术效果的较小技术单元。在此暂且先将大前提认为是具有普遍性的规范。[⑦] 小前提便是上述比较的区别点,是能实现独立技术功能的技术单元。结

---

① 参见张继成:《从案件事实之"是"到当事人之"应当"——法律推理机制及其正当理由的逻辑研究》,载《法学研究》2003年第1期。

② 参见焦宝乾:《当代法律方法论的转型——从司法三段论到法律论证》,载《法制与社会发展》2004年第1期。

③ 由于创造性判断以及侵权判断的一些规则被规定在《专利法实施细则》和《专利审查指南》以及相关司法解释中,故这里的法律规定为广义上的规范,包含了上述的规定。

④ 参见张钰光:《"法律论证"构造与程序之研究》,台北,台湾辅仁大学法律学研究所2001年博士学位论文,第244页。转引自焦宝乾:《法律论证:思维与方法》,北京大学出版社2010年版,第135页。

⑤ 参见焦宝乾:《法律论证:思维与方法》,北京大学出版社2010年版,第136页。

⑥ 笔者意在赋予"区别点"为一种事实的表达,与规范性的概念"区别技术特征"相区分。

⑦ 参见最高人民法院民事裁定书,(2017)民申字第3802号。

论则是认定该技术单元为区别技术特征。将事实涵摄于规范之上的规范判断几乎已经剥离了事实因素,因此,司法三段论在这种情况下沦为了完全的价值判断。这样的三段论不管表面上看起来多么具有逻辑性,实际上只不过是其大小前提及大小前提间逻辑关系的重复而已,并不能论证前提自身的正当性或者证明其有被充分考虑。①

在将司法三段论的推理或小前提中的事实涵摄于法律规范的过程中,小前提可能自身早已成为被价值化了的法律事实,存在缺少沟通事实与价值的路径或者价值推理过程的问题。正如本书所述,实践理性充当了连接事实与价值的路径,实践理性依赖于规范化领域内的理由实现理性化,该理由即为实践理性中的实践理由,部分学术文献也将实践理性等同于实践理由。② 因此,本书也将实践理由作为实践理性的主要叙事话语。

(二)实践理性在技术特征划分之司法推理中的应用

作为影响人们采取恰当行为的基础,实践理由包括可普遍化和可认知性两个特点,二者均作用于实践理由影响的主体。③ 可认知性本身也是理性化的内在要求,并由可认知性延伸出可遵循性,可普遍化则是一种共识上的建构和要求。实践理由与事实的连接在于实践理由具有激发行动的能力,实践理由自身还具有正当化的能力,起着评价和辩护之基础的作用。④ 行为人内心受实践理由的约束,实践理由虽然是一种价值评价,但却客观实在地影响和驱动着人的行为,从而在事实与价值之间建立起沟通的桥梁。技术特征划分不只是在当事人和法官之间无法取得共识,在该领域的共同体中也存在较大争议,其中可能就有缺乏具有公共判断即普遍化实践理由的原因。

---

① 参见焦宝乾:《法律论证:思维与方法》,北京大学出版社 2010 年版,第 123 - 124 页。

② 参见张曦:《实践理性与规范性的"构成性论证"》,载《世界哲学》2013 年第 6 期;卞绍斌:《实践理性与价值共识——当代中国伦理话语体系构建的范式省思》,载《东南大学学报(哲学社会科学版)》2021 年第 3 期。

③ See Onora O'Neill, *Towards Justice and Virtue: A Constructive Account of Practical Reasoning*, Cambridge University Press, 1996, p. 52 - 59.

④ 参见陈景辉:《实践理由与法律推理》,北京大学出版社 2012 年版,第 50 页。

本书对司法实践中“技术特征”和“技术特征的划分”的定义进行了分析，尝试给二者下定义，也基本上认同目前实务界对二者的定义。进一步地，在司法裁判中，各个利益主体对技术特征的定义和技术特征划分的标准本身并未质疑，也未因此产生争议。虽然该定义和划分标准存在诸多不完美之处，也伴随着较大的不确定性，但这也可能是经过长期司法实践所能获得最大确定性之定义，否则将会失去规则本身的包容性，反而导致权利人与社会公众的利益失衡，因此只能将不确定性留待司法裁判进行考量。由此可见，目前对于技术特征的定义和划分标准在该领域的共同体中存在共识，该共识具有较强的普遍性，这一状态在短期内不会被改变。虽然法律未对技术特征予以定义，司法案例也并非我国法律的渊源，但随着指导性案例制度的展开，关于司法案例对技术特征及其划分标准进行界定，逐渐形成了一种将“能够实现相对独立功能的技术单元”作为一个技术特征的公共判断。就法律实证主义而言，如果将法律作为一种正当化的理由，那么一定是某种社会事实造就了法律的这一地位。① 上述技术特征的定义和划分标准也和法律一样，在逐渐发展中形成了一种社会事实。规则的合法性来自实践的约束力，哈特曾敏锐地洞察社会事实与规范的关系，正如有学者对此所作的分析：“即当一个人严肃地主张某一规则是有效规则时，他事实上已经在使用他认为妥当的效力判准来鉴别法律，而且该效力判准不仅是他个人接受的判准，而且也被社群成员所普遍接受，并在该法律体系的一般运作中被采用。”②

技术特征划分的争议通常发生在小前提上，也就是具体案件事实在涵摄作为大前提的规则的过程中产生的分歧，此时实践理由的介入将实现小前提自身的正当化，从而形成公共判断以回应实践的分歧并确定行为选择。那么，问题就来到了如何确定某一较小或最小技术单元具有相对独立的技术功能，若能获得支持小前提的实践理由，就可以得到该技术单元作为一个技术特征的结论。

在确定某一较小或最小技术单元具有相对独立的技术功能时，基于不同的

---

① 参见陈景辉：《实践理由与法律推理》，北京大学出版社2012年版，第59页。

② 范立波：《论法律规范性的概念与来源》，载《法律科学（西北政法大学学报）》2010年第4期。

抽象化程度存在不同划分量级的行为选择,这些不同的行为选择在其均符合大前提的情况下造成了如何选择的冲突,若从广义上探讨其背后的实践理由,则是不同行为选择下的道德或价值冲突。实践理由之下的价值评价是由案件事实之"是"推出当事人之"应当"的逻辑中介,没有价值评价就没有判决结论的证成。[①] 为此,实践理由为不同行为选择提供支持,不同实践理由的冲突则由价值评价下的制度利益的衡量和选择所解决。

约瑟夫·拉兹(Joseph Raz)在其关于实践理由和规范性的著作中对实践理由之冲突提出了一阶理由和二阶理由,在多个一阶理由存在冲突时,应当选择一阶理由中最具分量的那个理由行事;在通盘权衡和考虑仍无法进行选择时,可引入作为一阶理由之理由的二阶理由;二阶理由可以积极方式支持一阶理由,也可采用消极方式限制一阶理由的适用,消极性的二阶理由又被称为排他性理由。[②] 举个专利法领域的例子,在笔者看来,等同原则与禁止反悔原则是一种一阶理由和二阶理由的关系,禁止反悔原则作为排他性理由可用于限制等同原则的适用,从而实现制度冲突下的行为选择。梁上上通过对从伯林价值多元难题到拉兹疑问的分析,认为一个抽象意义上的价值多元难题在哲学上似乎是冲突的,但只要与具体情境联系起来便是可解的;基本价值和利益位阶的社会共识若建立在妥当的社会共识基础上,则能够为处于不同利益层次结构中的利益进行妥当衡量。[③] 制度理性的社会共识在具体场景下被具体化,社会共识则被限定在相关领域的共同体中,在具体领域中实现行为选择的正当化。正当化实现的功能是把已经制度化的"一阶"客体化变得客观上有效、主观上合理,从而进一步促进社会共识的强化。[④]

综上所述,技术特征划分可以在实践理由的作用下重构司法推理三段论,

---

① 参见张继成:《从案件事实之"是"到当事人之"应当"——法律推理机制及其正当理由的逻辑研究》,载《法学研究》2003 年第 1 期。

② See Joseph Raz, *Practical Reason and Norms*, Oxford University Press, 1999, p. 25 - 45.

③ 参见梁上上:《利益衡量论》(第 2 版),法律出版社 2016 年版,第 78 - 112 页。

④ 参见[美]彼得·L. 伯格、托马斯·卢克曼:《现实的社会建构》,吴肃然译,北京大学出版社 2019 年版,第 115 页。

开辟从技术事实到法律事实的理性化和正当化路径,并在相关领域共同体①构建的社会共识下形成基于制度衡量的价值判断。接下来,笔者将结合具体案例开展关于技术特征划分的司法推理,其中主要涉及小前提的理性化构造。

第三节　技术特征划分之司法推理的具体展开

一、技术特征划分的理性化展开

(一)技术特征划分之小前提的事实层面

在本章第二节中,笔者从实践理由对技术特征划分的司法推理三段论进行了分析,问题的关键以及参与主体的争议往往聚焦于小前提,虽然笔者引入了一阶理由和二阶理由的理论来理性化小前提,但终究还只是停留在理论层面,若不详细展开,终有空中楼阁之感。在不同抽象化程度上,总是存在多个具有相对独立的技术功能的技术单元。而在专利领域,道德评价似乎被弱化,所以挖掘背后的实践理由并非易事。然而,知识产权制度的正当性为技术特征划分提供了道德和价值层面的判断,由其引出的一些具体规则也在一定程度上将相应的道德和价值评价予以具象化。

先从一阶理由入手,存在两种符合大前提的技术特征划分方式:第一种为高抽象化程度,即组合多个技术单元作为一个技术特征;第二种为低抽象化程度,即包含较少技术单元的技术特征。这两种方式均能实现相对独立的技术功能,均符合大前提规范下的技术事实,只是技术功能的抽象化程度有所不同。然而,选择何种技术事实作为大前提规范性下的事实以得出最终的结论,需要挖掘其背后支撑的实践理由,因而对行为选择的影响更多的是价值因素而非事实因素。由于事实与价值二分的属性未能在司法实践中被揭露,参与的各方当事人将行为选择当作纯粹的事实问题进行解决,从而通过搜寻大量现有技术中

① 在专利领域中,本领域普通技术人员可以作为所述的相关领域共同体。

的工具书、教科书等作为证据来论证其主张的技术事实的准确性。[①] 工具书和教科书的记载虽然具有一定的参考意义，对技术事实的查明有一定帮助，但终究仍应符合说明书等内部证据记载的内容。字典等工具书的滥用存在诸如引发错误等弊端，同时也增加了权利要求解释的成本。[②] 字典、教科书等均存在时效性的问题，正如笔者在第二章提到的，同一术语随着技术的进步和变迁，会发生概念和含义上的"漂移"，而字典记载的含义被固化，造成与本领域普通技术人员认知含义上的偏差。加之字典、教科书等编撰者的主观因素的影响，即在技术表达和遣词造句中嵌入了编撰者的一些主观理解，造成不同的字典、教科书对同一个问题的记载可能存在矛盾之处。比如，义项的误设等错误在字典中经常出现。[③] 这样一来，任何一方都可以从字典、教科书中寻找有利的表达来支持其就技术特征划分所持观点。曾经就有学者就成本投入和专利诉讼的关系进行研究，结果表明，通过增加资本投入，一方当事人可以增加其获胜的概率，而且投入越高，获得的回报也就越高。[④] 如此一来，资本可以被用于寻找更多的现有技术来源，当事人可以从中精心挑选对己方有利的素材供专利诉讼中使用。笔者在此无意贬低对于技术事实的寻求，但价值层面的问题被伪装成事实问题，异化为双方资本的角逐，演化成一场不对等游戏，最终导致资源的虚耗，这些都会引发对于专利制度正当性的质疑。专利被学者形象地比喻成"买彩票"[⑤]和"敲竹杠"[⑥]，这场不对等游戏将导致专利的激励功能被扭曲，诉讼结

---

① 参见最高人民法院行政判决书，(2020)最高法知行终279号。在该案中，专利权人极力从现有技术中寻找支持其技术特征的划分方式的证据。

② See Novartis Pharmaceuticals Corp. v. Eon Labs Manufacturing, Inc. , 363 F. 3d 1306 (Fed. Cir. 2004).

③ 参见李国英：《论字典义项误设》，载《北京师范大学学报(人文社会科学版)》2002年第4期。

④ See Joseph Farrell & Robert P. Merges, *Incentives to Challenge and Defend Patents: Why Litigation Won't Reliably Fix Patent Office Errors and Why Administrative Patent Review Might Help*, Berkeley Technology Law Journal, Vol. 19:3, p. 943 – 970(2004).

⑤ Jonathan A. Barney, *A Study of Patent Mortality Rates: Using Statistical Survival Analysis to Rate and Value Patent Assets*, American Intellectual Property Law Association Quarterly Journal, Vol. 30:3, p. 317 – 352(2002).

⑥ Carl Shapiro, *Antitrust Limits to Patent Settlements*, RAND Journal of Economics, Vol. 34:2, p. 391 – 411(2003).

果难以反映真实的技术事实，而失真的技术事实决定了价值层面的考量，终将导致丧失法律推理中的司法理性。

（二）技术特征划分之小前提的实践理由

在技术特征划分上，通常将实现相对独立技术功能的技术单元作为一个技术特征。当存在多个相对独立技术功能时，其相应的技术单元也存在不同，因此，需要选择其中一种划分方式。面对技术特征划分的选择，过分地求解单纯的事实因素无法将最终的行为选择理性化，各方在资本角逐下的各说各话也无法真正代表本领域普通技术人员的视角。通过实践理由将事实因素与背后的道德考量连接起来，从而将价值冲突显性化，进而在一阶理由的冲突中求解行为选择的正当性。当然，停留在理论层面不顾具体情境探讨一阶理由的冲突及其化解脱离了价值赖以存在的背景。随着为具体案件所依赖存在的时空背景的转变，不同利益之间的位阶可能会发生一定程度的改变。[①] 因此，通过具体案例回溯技术特征划分下的实践理由，既可以验证司法裁判的理性化建构，也为如何进行司法推理提供了具体化路径。

此处仍以欧瑞康纺织有限及两合公司与国家知识产权局的行政诉讼案件为例进行详细阐述。该案的争议关键点在于将“第一输送机构（3）和第二输送机构（9）分别构成为一个缠绕输送机构（15.1、15.2），而第三输送机构（14）构成为一个夹紧输送机构（20）”还是“第三输送机构为夹紧输送装置”作为区别技术特征。[②] 若仅从事实层面判断权利要求之技术方案与现有技术的区别，则二者的区别点为“第三输送机构为夹紧输送装置”，但技术特征是一个与技术功能密切相关的概念，该区别点是否能够作为一个技术特征需从技术功能的规范上考量，经过这个过程的转化，区别点已不仅仅是技术事实了，而是加入规范解读后的规范事实。对于技术单元“第三输送机构为夹紧输送装置”，从技术功能上看，顾名思义可实现夹紧输送的技术功能，从而符合将其作为一个技术特征的要求。同时，“第一输送机构（3）和第二输送机构（9）分别构成为一个缠

① 参见梁上上：《利益衡量论》（第2版），法律出版社2016年版，第84页。

② 参见最高人民法院行政判决书，（2020）最高法知行终279号。

绕输送机构(15.1、15.2),而第三输送机构(14)构成为一个夹紧输送机构(20)”又从整体性上、更抽象化地“实现对丝线的高质量变形和处理”,这种划分方式同样符合技术特征划分的规范要求。或者说,在事实与规范之间的来回流转,在规范之下重新调整裁剪区别点,从而得到规范化的区别技术特征。很显然,技术特征划分量级更大,其对应的技术功能的抽象化程度更高。此时不应过早地进行技术特征划分对专利有效性影响的判断,否则就会陷入后果主义裁判而违反一般的司法推理逻辑。但需要结合该案的案由即涉及基于专利无效请求的确权之诉,也就是说,要考量专利权有效的要件之一——创造性。

技术特征划分量级大的方式背后的一阶理由是从整体性角度考量该技术特征对发明构思的贡献,这更能体现该发明专利的创新程度,若从抽象层面看则是功利主义下的专利制度的创新激励功能;技术特征划分量级小的方式背后的一阶理由表现为权利要求的公示作用,从而与比对出的区别点更为一致,追求权利要求的字面解释。在确权的具体场景下,功利主义下创新激励功能是专利制度正当性重要理论之一,在一阶理由中具有较高的利益位阶,此时权利要求的公示作用让位于创新激励功能;而在侵权判断中,权利要求的公示作用具有更高位阶。在这两个相互冲突的一阶理由下进行制度利益的衡量存在不小的困难,笔者在此试图比较两种利益之间的位阶以实现行为选择的理性化。在确权的具体场景下,功利主义下创新激励功能是证成专利制度正当性的重要论据之一,在一阶理由中具有较高的利益位阶,此时权利要求的公示作用让位于创新激励功能。而在侵权判断中,权利要求的公示作用具有更高位阶。因此,两种冲突利益下的一阶理由存在不同的利益位阶,选择更具抽象化程度的技术特征划分是制度利益比较下的更优行动选择,具有理性化基础。

进一步地,不妨做一个假定,假设前述一阶理由处于同一利益位阶,根据拉兹提出的二阶理由,可将行为选择的理由留待二阶理由中进一步判断。如上文所述,二阶理由可以积极方式支持一阶理由,也可采用消极方式限制一阶理由的适用。从支持技术特征划分量级大的一阶理由来看,专利推定效力可以被认为是积极性的二阶理由。确权诉讼所针对的对象为已授权的发明专利权,具有较高的专利推定效力。由于行政公定力的存在，在没有充分的无效证据和理由的情况下，专利权推定效力保持着专利权的有效性。[①] 从消极限制技术特征划分量级大的一阶理由来看，专利权人获取专利和行使专利权需符合诚实信用原则。在美国的不正当行为制度下，专利申请人负有向美国专利商标局披露与其专利申请的可专利性相关的所有事实的义务，并且对该义务的违反将导致不正当行为原则的适用，进而法院可拒绝向其提供侵权救济，即该专利权具有不可执行性。[②] 我国《专利法》在第四次修正后，新增第 20 条第 1 款引入了诚实信用原则——申请专利和行使专利权应当遵循诚实信用原则。不得滥用专利权损害公共利益或者他人合法权益。[③] 结合上述两个二阶理由，由于专利权人不存在违反诚实信用原则的消极限制，但作为授权发明专利存在行政公定力，因此二阶理由进一步支持了相应的一阶理由，从而将该一阶理由下的行为选择理性化。在美国的专利法改革中，无效程序证据标准是国会、联邦法院以及美国专利商标局之间的互动重点。[④] 这也就可以解释，为什么一项专利权被宣告无效的标准往往高于专利申请中驳回的标准，一项发明创造一旦被授予了专利权，往往需要提供更强的证据才能推翻该专利权。

二、司法推理下事实与价值二分的不同规则适用

（一）事实部分的证据规则与价值部分的价值推理

区分技术特征划分中的事实与价值部分不仅是为了阐述这种现象，也是为了防止混淆和误判。沟通技术特征划分中的事实部分与价值部分固然重要，但从事实相关的规则寻求或接近客观事实，以及从价值推理规则寻求价值部分的

---

① 参见闫宇晨：《论我国法院判定专利权效力的界限——专利无效判断方式的原则与例外》，载《知识产权》2020 年第 1 期。

② 参见于海东、徐棣枫：《专利法不正当行为原则的功效及正当性研究》，载《湖南大学学报（社会科学版）》2019 年第 5 期。

③ 参见饶先成：《“诚实信用原则”引入专利驳回和无效理由的法律构造——兼评专利法第四次修正案（草案）第二十条》，载《科技与法律》2020 年第 4 期。

④ 参见徐棣枫等：《专利权的不确定性与专利诱饵的法律规制》，知识产权出版社 2019 年版，第 131 - 139 页。

理性化，也是事实与价值二分给出的重要启示。正如上文提到的那样，用事实相关规则来寻求价值部分的理性化无异于缘木求鱼，投入大量的资源但只能获得一种并不正确的确定性，这导致资本投入大的主体更易胜出，但价值部分仍因缺乏理性化难以从根本上解决纷争。同样地，价值推理并不能代替事实部分的判断，否则价值推理将因失去事实的客观性而架空案件内容，脱离了事实的价值推理显然也无法支撑理性的要求。

理性的裁判建立在对事实的理性主义认定的基础上，在理性主义下世界是可知的，从而有别于人类裁判史上曾经存在的决斗、宣誓或者神明裁判等非理性模式，事实查明的理性化有赖于证据以及相应的证据规则。[①] 在专利申请的审查中，审查员检索到的现有技术被称为对比文件。[②] 在专利无效请求程序和专利确权诉讼中，无效请求人检索和提供的现有技术则被称为证据。无论现有技术被称为对比文件还是证据，实际上均是被用来判断发明创造是否为“新”的证据。基于业已确定的权利要求与被用作比对的证据，由于被用作比对的证据往往是已公开的专利文本和出版物等，因此这里的证据在真实性问题上一般不存在异议。专利权利要求以及作为证据的对比文件是一种技术的客观存在形式，在剥离其中的信息内容后，这种存在以及记载的符号是一种客观事实。而作为对比的现有技术只是从茫茫文献中被搜寻到的一小部分，虽与发明创造相近，但却未必是最接近的，在创造性判断中最接近现有技术的未必是客观上最接近的，因此现有技术反映的技术只是一种相对事实。由于需要给出确定性的判断，但人类认识工具和能力的限制导致客观上最接近的现有技术难以被找到，即便被找到似乎也无从确认，因此需要推定其为客观事实，这也成为专利权推定效力的来源。总之，事实的判断要借助证据，证据的使用和证明能力则依赖证据规则。不同证据间客观存在的各种关系及其与案件事实之间的联系，需

---

① 参见毛立华：《论证据与事实》，中国人民公安大学出版社 2008 年版，第 27 页。

② 参见中华人民共和国国家知识产权局制定：《专利审查指南 2023》，知识产权出版社 2024 年版，第 170 页。

要借助相关证据规则才能保障裁判事实认定的公正性。[①] 2020 年 11 月，最高人民法院发布了《关于知识产权民事诉讼证据的若干规定》，该规定遵循民事诉讼证据一般规则，立足知识产权诉讼特点和实际，对知识产权民事诉讼中问题较为突出的证据提交、证据保全、司法鉴定以及诉讼中的商业秘密保护等作出规定。2019 年 12 月，国家知识产权局发布了《专利侵权纠纷行政裁决办案指南》，详细规定了行政裁决中的相关证据规则。该证据规则虽然存在一定的价值因素，但其目的仍在于查明事实以及分配当事人之间的举证责任。目前，我国的知识产权司法鉴定以及技术调查官制度均被用于技术事实的查明，但将技术特征划分的规范涵摄于具体的技术单元，可能得到多个相互冲突的规范事实，此时关键在于规范适用的冲突而非技术事实之间的冲突，所以不宜继续采用证据规则来无限制地寻求技术特征划分的准确性。

多个相互冲突的规范事实对于一个主体来说，其面临行为选择，这正是留待价值推理要解决的问题。有学者将价值推理分为评价推理和规范推理，在技术特征划分的场景下，其大前提给出了技术特征划分的依据——将具有相对独立技术功能的技术单元作为一个技术特征，是一种评价性的价值判断，技术特征划分的争议在于不同主体会提出不同的小前提，即上述可能被不同主体主张的规范事实。这些规范事实虽然都符合大前提的规范要求，但却相互冲突，其背后存在不同的价值判断，因此需要利用价值推理来解决矛盾。对于不同价值判断的行为选择，则应结合它们各自所处的具体情境，在实践理由支撑下进行价值衡量，从而实现价值推理的理性化。

（二）价值理性化在裁判文书中的披露机制

司法推理的理性化过程需借由裁判文书的形式呈现，但法官可能会选择性地披露，从而导致部分推理过程尤其是关涉价值推理的推理过程缺失。在司法裁判中，法官更关注事实部分和证据采信的说理，涉及价值部分的说理则被笼统地包含在法官的自由心证当中，或者作为一种模糊的隐性知识被法官有意或

---

① 参见赵承寿：《司法裁判中的事实问题》，中国政法大学出版社 2015 年版，第 128 页。

无意地隐藏于内心。自由心证制度确立的哲学基础是人类普遍认识能力的理念,反映的是事实与逻辑的关系。[①] 自由心证的合理性源于证据裁判主义,本质上是证据证明制度。[②] 若将价值部分笼统地作为法官的自由心证,同样存在事实与价值混淆的问题,同时也会成为法官拒绝披露价值判断的借口。虽然在司法裁判中,法官会在法律适用过程中进行详细说理,但说理的过程往往是法官在确定了观点之后对技术事实的回溯判断。部分司法裁判缺乏对价值部分的回应,导致部分技术事实代替了案件的全部。裁判者在等同认定中仍不乏从两个技术特征的技术效果基本相同入手,再倒推技术手段基本相同,这使"本领域普通技术人员无须经过创造性劳动就能够联想到"沦为了符号性用语,使裁判缺失了真正基于"本领域普通技术人员"视角和"技能水平"下的说理判断。[③] "本领域普通技术人员"作为一个模糊的"黑箱"吸收了部分价值因素,部分价值因素看似在"本领域普通技术人员"视角下得以理性化,但实则被忽略的。

在笔者看来,事实与价值之间沟通的实践理性以及价值的理性化切实存在,公开理性化过程是彰显理性的手段,实践理性以及价值的理性化在司法裁判中也存在较大的主观性,在裁判文书中公开是监督司法理性的有效机制。价值理性化建立在共同体的社会共识基础之上,裁判文书的公开是形成共识的一部分,也是该共同体交往达成共识的见证,其中蕴含着为哈贝马斯所称道的交往理性。尤其是在指导性案例中,披露其中价值理性化的过程将有助于各方对其中价值导向的理解,既有利于实现同案同判的朴素正义,也有利于避免指导性案例被歪曲解读和利用。

---

① 参见莫良元、周阿红、黄茜:《现代自由心证制度的科学品格和价值维度》,载《安徽师范大学学报(人文社会科学版)》2006 年第 3 期。

② 参见汪海燕、胡常龙:《自由心证新理念探析——走出对自由心证传统认识的误区》,载《法学研究》2001 年第 5 期。

③ 参见最高人民法院民事判决书,(2018)最高法民再 111 号。

第五章 寻求技术特征划分的可预见性：基于专利确权和侵权程序的考察

前面几章对技术特征从术语到逻辑进行了梳理，也从理论上分析了贯穿于专利行政授权、确权和司法确权、侵权等程序的技术特征及其划分。本书从技术特征的产生、表达、划分等方面对其有了较为充分的认识，事实与价值的二分以及实践理性也为技术特征划分的规范性提供了理论路径，从而为技术特征划分的理性化提供了理论依据。在前述几章的研究基础之上，本书在具体行政和司法程序上尝试消解技术特征划分中的不确定性，并期待在此基础上更进一步，有效抑制涉及技术特征划分的不当后果主义裁判，因此有必要从理论和实践角度进一步研究技术特征在专利行政和司法程序中的应用，从而验证本书引入的相关理论在技术特征划分中的可行性。

第一节　技术特征的模糊性与多维限制

一、模糊集合论下技术特征的模糊性

在语义学下，技术特征的模糊性以及由此带来专利权的不确定性在学界已

经有了充分的讨论。[①] 学界尝试通过权利要求解释等方式寻求专利权保护范围的确定性。在承认技术特征模糊性的基础上,原来用于解释技术特征的一些理论就需要进一步的解释和修正。分析现象及其背后的原因是为了最终克服或消解其引发的问题,本书已经用从事实与价值二分到法律推理的过程来实现了技术特征划分的理性化建构,其中对技术特征的定义和规范化赋予了其技术功能的属性,且在此基础上延及技术效果。与等同侵权判定相似,技术特征被赋予了手段、功能和效果三个要素,但学界似乎并未解释这一规范化的原理。不能清晰地分析工具自身的属性,就不能更好地使用这一工具,也不足以预估工具自身带来的问题。正是由于上述原因,笔者认为,有必要从理论上对手段、功能和效果三要素被规范化注入技术特征划分的原因进行分析。

传统数学中的集合理论可被用于解释权利要求与技术特征的关系,可将权利要求记载的技术方案比作数学中的集合,技术特征则相当于集合中的元素,技术特征的分解和比对也符合集合中元素的解析和比对。然而,传统数学中集合的精确性又不足以解释和解决技术特征划分的模糊性带来的不确定性。数学的发展为集合理论注入了新的活力——模糊集合论。基于模糊集合论对传统数学集合理论的改造,即用更模糊的变量来替代传统数学集合中的确定性元素,比如用"年轻"代替"二十五岁",由此带来的结果就是在同一个模糊集合中,"年轻"与"不年轻"变量的界限变得相对模糊。[②] 元素与元素之间并非泾渭分明,除了元素之间的相对模糊地带,部分元素还可以再分解或重组,再分解和重组过程中不仅仅有事实判断,更有涵摄于一定规范下的"裁剪",从而形成一个事实与价值混杂的问题。

技术特征的模糊性兼容于模糊集合论,可以采用模糊集合论相关工具分析和解释技术特征,技术特征之间的可分离存在模糊地带,正好印证了模糊集合

---

① 参见陈文煊:《专利权的边界——权利要求的文义解释与保护范围的政策调整》,知识产权出版社 2014 年版,第 20 - 39 页。

② 参见[美]L. A. 扎德:《模糊集合、语言变量及模糊逻辑》,陈国权译,科学出版社 1982 年版,第 2 - 3 页。

论中的变量的可分与模糊性。在模糊的限制上赋予变量相应的边缘及条件限制，使变量形成多重或多元表达分量。① 可见，模糊集合论对于权利要求之技术方案与技术特征之间的关系具有较强的解释力，且以多重或多元表达分量设置边缘及条件限制，与采用方式、手段和结果的多维度信息来拓展和限制技术特征在解决元素模糊性在路径上不谋而合，从而构筑起技术特征语义的辐射范围。

二、技术特征的多维限制

通过前面几章对技术特征的分析，技术特征的表达可以在权利要求中确定技术事实，并作为权利要求的组成要素构筑专利权的边界。上述解读基本上遵循了技术特征的事实因素，但技术特征包含的信息似乎远不止于此。由于需要根据技术特征的比对来判断是否满足新颖性和创造性的要求，以及需要在侵权中判定是否落入权利要求的保护范围，因此仅凭借权利要求中技术特征记载的技术信息，并不足以完成上述任务。技术特征表征了构成技术方案的技术手段，从技术特征的定义上看，概念的规范性又赋予了技术特征以技术功能的意涵。即便如此，仅以技术特征承载的技术手段以及其实现的技术功能，仍无法完成非显而易见性或创造性的具体化表达。

在1966年的Graham v. John Deere Co. of Kansas City案②中，美国最高法院确立了判断非显而易见性的四个判断标准：第一，现有技术的范围和内容；第二，现有技术与权利要求的区别；第三，相关领域的普通技术人员水平标准；第四，其他补充标准。设置判断标准的目的是防止非显而易见性判断中的主观性，而这些判断标准正是其客观化的表现。1982年，美国国会设立联邦巡回上诉法院，联邦巡回上诉法院成立后，开始对以往案例进行总结，逐渐发展出一套“教导—启示—动机”（Teaching－Suggestion－Motivation，TSM标准）的判断方

---

① 参见［美］L. A. 扎德：《模糊集合、语言变量及模糊逻辑》，陈国权译，科学出版社1982年版，第55页。

② Graham v. John Deere Co. of Kansas City, 86 S. Ct. 684(1966).

法。[①] 在 2007 年的 KSR Intern. Co. v. Teleflex Inc. 案[②]中,美国最高法院认为,结合已知要素的专利是否显而易见,问题不在于该结合对专利权人是否显而易见,而在于该结合对具有该技术领域的普通技术人员是否显而易见。在专利技术被发明时,其所在技术领域已存在的相应的技术问题,都可以为技术特征的组合方式提供理由。从上述非显而易见性的判断和演变可知,现有技术的多个技术单元的组合并不能当然地得到专利中与之对应的区别技术特征,即必须有"教导—启示—动机"的介入。同时,发明时已知的问题若能为专利中的技术方案所解决,则也能为技术单元的组合提供理由和依据。笔者想要借此说明的是,技术特征并非表达本身,"教导—启示—动机"的判断方法本质上是为获得与专利技术特征相应的方式、手段和结果提供合乎逻辑的发明创造过程,以判断专利技术与现有技术是否存在实质性区别。

不同于美国式的否定式描述,我国专利法对创造性采用了正向描述,即判断专利中的技术特征是否具有突出的实质性特点和显著的进步,其中就蕴含了技术手段的不同以及具有有益的技术效果。再结合等同侵权的判定,在两个相似的技术特征进行对比时,手段、功能和效果三要素赋予了技术特征以三个维度的信息。"以基本相同的手段,实现基本相同的功能,达到基本相同的效果"构筑了我国专利法实践中等同侵权判定的必要条件,从而将技术特征的比对转换为手段、功能和效果的比对,而这三个维度的信息构筑了技术特征的立体化多维信息。

多维信息的属性如同一个具有方向的物理量——矢量,它可以用色彩领域的物理现象来直观地比喻技术特征的多维信息:一种颜色均由 R、G、B 三个分量构成,这三个分量分别取值决定了呈现的颜色,只要具有基本相同的 R 值、G 值和 B 值,就能够获得大致相同的颜色。这里呈现的颜色相当于具象化的技

---

① 参见徐方明、傅晓亮:《"非显而易见性"的含义及其判断标准的演变》,载中华全国专利代理人协会编:《〈专利法〉第 22 条—创造性理论与实践——2011 年专利审查与专利代理高端学术研讨会论文选编》,知识产权出版社 2012 年版。

② KSR Intern. Co. v. Teleflex Inc. ,127 S. Ct. 1727(2007).

术特征,而技术特征包含的多维信息无法从技术特征自身的表达中直接获得,需要综合各个维度的分量进行判断。

基于技术特征划分的事实与价值二分,单一维度的技术特征表达仅能承载单纯的事实因素,却难以扩展至技术特征的价值层面。可以说,赋予技术特征以多维度信息既是其本身属性使然,又是一种现实需求。

三、技术特征的多维限制是等同、反向等同等理论的基础

基于上述理论基础可知,技术特征表达遵循的是语言表达和技术表达的规范,而价值因素则通过设置在多维信息上的边缘及其条件限制来赋予技术特征以规范性,这样也就可以解释等同理论在方式、手段和结果三要素下确立的等同的边界和辐射的范围。正是由于技术特征表达直接反映的技术手段之局限性,当被控侵权产品落入权利要求字面意思范围时,若仅以技术特征表达的技术手段为依据,则构成字面侵权。但是,如果被控侵权人已经改变了专利权利要求字面确定的装置原理,以至于权利要求已经无法代表被控侵权人的实际发明,那么他几乎不可能被判定为侵权人。① 在此基础上,反观美国反向等同理论中对字面侵权的限制,以首次确立反向等同原则的 Boyden Power – Brake Co. v. Westinghouse 案②为例,被告做出的改进工作能以更简单的方式解决快速制动问题,实现比原告专利权人的专利更理想的刹车效果,因此法官从装置的技术原理以及技术效果反向确认二者不构成实质性相似,最终美国联邦最高法院认为被告的设备并未侵犯原告的专利权。

技术特征的多维限制克服了相同侵权中严格的形式主义缺陷,为等同原则的适用提供了相对确定的空间,并可用于检验表面上落入字面侵权的技术方案是否实际侵权。于是,多维限制被抽象为反向等同理论,以限制并非实际侵权的所谓"字面侵权"。综上可知,以模糊集合论解释技术特征多维信息属性具

---

① 参见张迩瀚:《论基础专利之改进技术保护路径的完善——以确立反向等同原则为视角》,载《科技进步与对策》2022 年第 5 期。

② Boyden Power – Brake Co. v. Westinghouse, 18 S. Ct. 707 (1898).

有正当性，非显而易见性从正面论述了多维信息的必要性，反向等同理论则反向揭示了技术特征多维信息，为侵权判定提供了制度空间。

第二节 技术特征在专利审查和行政确权中的应用：消解技术特征划分的不确定性

一、技术特征在专利审查程序中的应用

（一）技术特征在权利要求中表达的量级及其限度

本书第二章已对技术特征表达的要求进行了分析，并阐述了不同技术领域下技术特征表达的差异。专利申请人或发明人作为专利权的起草者，具有抽象化或模糊化表达的动机，目的是寻求更大的保护范围。专利律师（代理师）出于委托人利益的考虑，凭借自身职业技能的优势在撰写上使用模糊化的表达，从而被人戏称为"模糊大师"。[①] 虽然不能将消除技术特征划分的不确定性完全寄托在专利权的起草者身上，但也无须排除从专利权起草者及其代理人这个权利主体和职业主体处寻求技术特征划分之确定性的努力空间。

权利要求的单方起草规则决定了起草者有权选择技术特征表达的量级，并利用技术特征表达量级谋求权利的最大化，这种符合经济理性人的标准做法大体上也无可厚非。本书论及的技术特征表达量级与前述技术特征划分量级的差异，在于技术特征表达量级的选择发生于专利权的起草阶段，而技术特征划分量级则是对已经确定的权利要求进行分解。技术特征表达量级主要仍然以抽象化程度来进行区分，表达的量级在一定程度上决定了划分的量级，但并不一定决定技术特征划分的结果，在技术特征划分时同样面临着拆分与合并的问题。

---

① See Keith N. Hylton, *Patent Uncertainty: Toward a Framework with Applications*, Boston University Law Review, Vol. 96:3, p. 1117 (2016).

在技术特征表达方式和量级上，专利申请人或发明人拥有较大的自由度，针对同一发明创造，可以选择不同的表达角度。例如，化学领域的发明创造涉及化学式的表达，而化学式作为一种技术语言具有较高的确定性，因此化学领域的发明创造的技术特征表达的概括和抽象化的空间较小。1923 年，美国化学家马库什（Eugene A. Markush）向美国专利局申请了一件名为“吡唑啉酮染料及其制备方法”的专利，他在专利的权利要求中使用“从含有……的基团中选择”这类格式语句，后来这种权利要求的撰写方式被称为“马库什权利要求”，此类概括方式也被视为一种宽范围的标志。[①] 在多主体实施的专利中，考虑到侵权判定的便利性，权利人会选择单侧撰写的表达方式。[②] 基于计算机程序的装置权利要求需要从表达上将计算机流程对应成虚拟装置，抽象化的虚拟装置通常采用“功能＋装置”的方式命名。由于技术特征主要依据技术功能的相对独立性进行划分，“功能＋装置”在一定程度上有助于技术特征的划分。技术特征表达的选择除了受到技术规范、语言表达和专利实质性条件的限制，实际上还有意无意地受到现有技术的影响，因为专利申请人即便不做现有技术检索也会对本领域的现有技术有所了解，从而会在其声称的现有技术基础上进行创新和表达。当检索到对待申请专利的新颖性和创造性有重大影响的现有技术时，申请人可选择避开与现有技术相同的技术特征而使用其他与现有技术不同的技术特征来进行表达。

综上所述，专利申请人或发明人在起草专利权时，可通过不同的语言表达方式归纳和抽象化地形成技术特征，并控制技术特征表达的量级，逻辑化或体系化地呈现出几个功能模块，从而对技术特征划分作出初始界定，同时以说明书和附图等内部证据的形式对功能模块的技术功能予以描述，从而为后期进行区别技术特征划分提供支持。在没有证据证明的情况下，其他当事人难以推翻

---

① 参见胡安朋：《宽范围变量情报及其计算机检索系统——在化合物 Markush（马库什）结构检索中的应用》，载《情报学报》1992 年第 6 期。

② 参见曾红芳：《浅析权利要求单侧撰写》，载《专利代理》2019 年第 4 期。

专利申请人在说明书中的描述。[①] 由于我国专利实务中长期形成的两段式撰写方式导致技术单元碎片化,不利于后期的技术特征划分,因此在划分和比对技术特征以及形成区别技术特征的过程中,参与各方主体会更多地寻求外部证据的支持,容易将其他价值因素杂糅其中,进而采用事实化方式处理,带来不必要的制度成本。技术特征的表达是技术特征划分的源头,在技术特征表达中采用逻辑化的分段式描述能实现技术特征初始划界的功能,且在说明书中阐述符合技术事实,支持了权利要求中技术特征表达量级的论述,有利于提升专利撰写质量和技术特征划分的可预期性。

技术特征表达量级和说明书用以支撑此类表达的描述不得违反基础的技术事实,即便在符合技术事实的情况下也不得违背现有技术的披露义务。专利申请人及其代理人在专利审查过程中,应依诚信原则向专利审查部门披露其所知悉的、对申请案之可专利性具有关键性价值的参考资料。[②] 专利申请人掌握的现有技术与实际的现有技术相比,经常发生偏差,若专利申请人未如实披露现有技术,则会导致专利申请文件记载的贡献与其实际的创新程度不符,技术特征表达的量级以及说明书支持该类表达的描述则可能缺少相应的依据。目前,《专利法》第36条规定了申请人的现有技术披露义务,并在第20条中引入诚实信用原则的规定,未来在法律适用上依据诚实信用原则构建违反现有技术披露义务的法律后果,从而对技术特征表达量级构成限制。

(二)专利审查程序中技术特征的修改

在专利申请提交以后,往往会因为实质或形式问题而需要修改专利申请文件,尤其是对涉及保护范围的权利要求进行修改。修改方式可分为主动修改、根据审查意见指出的问题进行修改和依职权修改三种方式,无论采用何种修改方式,基于先申请制原则,任何人不能将申请日以后的技术内容加入原始申请

---

① 参见北京知识产权法院行政判决书,(2018)京73行初787号。原文为:"在没有证据证明的情况下,不宜认为上述技术特征是本领域的公知常识。"这实际上是对专利申请文件所记载之内容的一种推定。

② 参见梁志文:《论专利申请人之现有技术披露义务》,载《法律科学(西北政法大学学报)》2012年第1期。

文件中,因此上述修改均不能超出原始申请文件记载的范围。我国《专利法实施细则》(2010年)第51条对上述三种形式的修改进行了规定,其中依职权修改是指国务院专利行政部门自行修改申请文件中文字和符号的明显错误。由此可见,依职权修改虽然节约了审查程序,但由于其适用的范围极小,即便有人提出适度扩展依职权修改的范围,但基于行政职权本身的限制,几乎不可能将影响保护范围的技术特征修改纳入其中,因此依职权修改并非本书关注的重点。①

相比于依职权修改,根据审查意见指出的问题进行修改具有更大的自由度,只要经修改的文件消除了原申请文件存在的缺陷,并且具有被授权的前景,这种修改就可以被视为针对通知书指出的缺陷进行的修改,因而经此修改的申请文件可以接受。② 但根据审查意见指出的问题修改存在两方面限制:一方面,禁止减少和改变独立权利要求的技术特征以扩大保护范围的修改,以及禁止增加未在原权利要求记载的新权项;另一方面,用列举的方式将7类修改作为允许的修改,基本上囊括了禁止修改以外的其他修改。需要注意的是,上述关于"技术特征"的表述应当作广义理解,无论其是否作为一个相对独立功能的技术单元,都应被理解为这里的技术特征。因此,笔者建议,这里应当采用"技术单元"或"限定"等技术特征的上位概念表述更为恰当。技术特征在定义的规范功能下被赋予独立技术功能的定位,而在某些场景下又需要在一些场合"去规范化"地使用技术特征,这容易造成术语理解上的混乱。

与根据审查意见指出的问题进行修改的方式相比,主动修改获得了更大的修改自由。为了避免主动修改对审查程序的干扰,我国《专利法实施细则》(2023年)第57条严格限制了主动修改的时机。但由于上述修改都不得超出原始申请文件记载的范围,因此几乎无法对原始申请文件进行重新表达,毕竟

① 参见刘瑾等:《关于发明专利申请初步审查程序中依职权修改的探讨》,载《中国发明与专利》2015年第10期。

② 参见中华人民共和国国家知识产权局制定:《专利审查指南2023》,知识产权出版社2024年版,第257页。

重新表达就会面临语义的缺失和加入新的限定等问题。上述修改虽然会对技术特征的划分有所影响，但即便作出的修改调整了技术特征的部分表达或导致技术特征划分方式发生变化，也无法补充支持其相应划分的说明书描述，故整体上对技术特征划分以及划分量级的影响较为有限。

（三）专利审查程序中的区别技术特征和创造性判断

在发明专利申请的实质性审查中，审查员指出最多的缺陷当属缺乏创造性。石必胜曾用创造性问题在专利行政诉讼案件中的占比进行示意，说明了创造性问题是专利审查中最常见的驳回理由。[①] 创造性的判断让我们把目光又聚焦到了区别技术特征上，因为归根结底这关乎区别技术特征与专利有效性的关系问题。

审查员在审查过程中会检索现有技术，结合检索到的现有技术，在审查意见中对发明专利申请的新颖性和创造性进行评述，若与现有技术相比不存在区别技术特征，则认为技术方案具有新颖性，然后再进行创造性的判断。专利申请人仅能起草自己申请的专利文件，而无法解决现有技术中技术特征的组合方式问题，因此，在进行技术比对时，二者并非一一对应。正如本书第三章提到的案例体现的那样，技术特征划分只有在拆分和组合后，才能与被比较之对象相关的技术特征相对应。共同实现某一相对独立功能的几个组件可能存在于不同的技术特征当中，构成等同的两个技术特征并不要求一定要在相应的组件当中。[②] 区别技术特征的划分必须结合其比对之对象来进行判定，对比文件不同，获得的区别技术特征自然也不同。

在专利审查中，博弈的双方是专利申请人与专利审查员。专利审查员的审查意见倾向于将权利要求中更多的技术特征解释为被现有技术公开，所以得到的区别技术特征相对较少。对于专利申请人来说，归纳出越多的区别技术特征，越有利于达到创造性的要求。因此，在这个阶段，技术特征划分主要争议点在于：第一，关于技术特征是否被最接近现有技术公开，专利申请人和专利审查

---

① 参见石必胜：《专利创造性判断比较研究》，中国政法大学2011年博士学位论文，第5页。

② See Corning Glass Works v. Sumitomo Elec. U. S. A. ,Inc. ,868 F. 2d 1251(1989).

员持有不同观点，专利申请人认为存在的区别技术特征多于审查员划分的技术特征，该类争议点往往发生在事实层面，较少涉及价值层面。① 当然，审查员出于自身职务和立场的需要，往往从字面上解读权利要求与现有技术的比对，因此也可能会列出更多的区别点，但由于缺少技术事实的解读，因此会造成忽视重要的区别技术特征。此时专利申请人就需要利用技术特征的多维限制条件，从手段、功能和效果三要素的多维信息出发进行论证，以支持其主张的区别技术特征。在评价原理上，与美国的反向等同理论相似，即便落入字面侵权范围，但若被控侵权产品的原理和效果与专利权不同，则可适用反向等同限制字面侵权的范围。在笔者看来，反向等同只是一种理论转介，起到实质性作用的仍然是技术特征规范化后其所附着的多维信息，这或许也是我国在确权和侵权判定中均不存在反向等同理论适用空间之原因。第二，双方对区别技术特征划分量级或划分界线的争议。笔者在前文重点讨论了两种划分方式在均符合技术特征的规范化定义的情况下的价值评价，而争议也存在于其中一种划分方式不符合技术特征的规范化定义的情况下，此时符合规范化定义的划分应为妥当的划分方式。例如，在某一个复审决定当中，复审决定识别出区别特征 A 和区别特征 B，且这两个区别特征分别实现了相对独立的技术功能，因此符合技术特征的规范化定义；而专利申请人则认为区别特征 A 和区别特征 B 应分别包括三个区别技术特征，若按照该专利申请人的划分方式，每个无法独立完成技术功能的技术单元或限定均被视为了技术特征，导致技术特征划分失范。最终在行政诉讼中，最高人民法院支持了国家知识产权局在复审决定书中的划分方式。②

二、技术特征在行政确权程序中的应用

（一）专利无效请求程序中技术特征的应用

专利无效请求程序本质上也是实质性审查的一种延续，用以进一步检验专

① 参见最高人民法院行政判决书，(2020)最高法知行终 16 号。其中，专利申请人认为复审决定书遗漏了五个区别技术特征，并欲借此争议获得创造性，最终未获采纳。

② 参见最高人民法院行政判决书，(2020)最高法知行终 95 号。

利权的推定效力。与实质性审查程序不同的是,其参与者加入了无效宣告请求人,由原来的专利申请人与审查员之间的博弈转换为专利申请人与无效宣告请求人之间的博弈,审查员则转换为居中裁判的角色。[①] 无效宣告请求人对无效程序的投入显然大于原来审查员在实质性审查中的投入,在这个阶段,专利申请人将面临来自无效宣告请求人关于专利有效性问题更为剧烈的"对抗",但否定已授权专利的推定效力往往也需要更高的证据标准。诸如无效宣告程序由专利侵权诉讼引发,侵权诉讼中的被告既可以利用无效宣告程序赢得缓冲时间,若能同时否定专利权的有效性,则专利侵权诉讼纠纷也就迎刃而解了。

在专利无效程序中,关于专利有效性的评价整体上与实质性审查阶段和复审程序基本一致,涉及技术特征划分的主要有两大特点:第一,在专利无效程序中,各版本《专利审查指南》就技术特征的修改设置了严格的限制,即一般只能做删除技术方案或技术特征的修改;另外,《专利法实施细则》(2023 年)第 73 条第 1 款也规定了修改不能扩大专利权的保护范围。第二,由于无效宣告等行政确权程序与侵权诉讼中的技术比较的对象不同,因此技术特征划分可能存在不同,这就为专利权人利用这种划分的不确定性提供了便利。专利权人为了在无效程序中确认专利权的有效性,会主张一种技术特征划分方式,而为了让被控侵权产品落入专利权的保护范围,则可能在侵权诉讼中转换技术特征的划分方式。

(二)专利无效请求程序中技术特征修改的量级

《专利审查指南 2023》规定,在满足无效宣告程序修改原则的前提下,修改权利要求书的具体方式一般限于权利要求的删除、合并,以及技术方案的删除。[②] 实际上,由于严格的修改限制,专利权人在无效宣告程序中难以根据无效请求人提出的现有技术证据和理由进行应对,从而处于不利地位。合并权利要求的方式是一种修改量级较大的方式,最直接的后果就是合并后的专利权将

---

① 参见蒋志培:《知识产权司法保护的几个问题》,载《中国发明与专利》2006 年第 6 期。

② 参见中华人民共和国国家知识产权局制定:《专利审查指南 2023》,知识产权出版社 2024 年版,第 432 页。

很难在侵权诉讼中对被告形成威胁。如此一来，问题就聚焦于专利无效请求中权利要求修改的最小单元应当被限定在何种量级？我国专利行政部门或许已经意识到无效宣告程序中的修改限制造成的问题，并在2017年对《专利审查指南2010》相关内容进行了修改，将修改方式限定为“修改权利要求书的具体方式一般限于权利要求的删除、技术方案的删除、权利要求的进一步限定、明显错误的修正”；同时也对“权利要求的进一步限定”作出了说明：“权利要求的进一步限定是指在权利要求中补入其他权利要求中记载的一个或者多个技术特征，以缩小保护范围。”①可见，我国专利行政部门倾向于将无效程序中的修改单元限定为“技术特征”。

前述讨论又牵出了技术特征定义的问题，很明显该处的“技术特征”被作出了更广义的理解，几乎任何量级的限定都被认为是“技术特征”，与技术特征划分实际纠纷中的“技术特征”相去甚远。在技术特征划分中，“技术特征”被赋予了规范化的定义，即以相对独立地实现技术功能作为划分单元。比较有意思的是，在我国专利法领域，各种限定或技术单元均被广义地称为“技术特征”，但在需要规范化使用的时候又赋予其规范化的内涵，造成了不同含义范围混用“技术特征”的现象。《美国专利法》采用了“element”和“limitation”两个术语表述技术特征，而实际上“limitation”在我国相当于广义的技术特征，“element”则相当于规范化的技术特征。也就是说，美国虽然采用两个术语分别表述广义的限定和规范化的技术特征，但也时常将二者混用。

其实，最高人民法院在2011年就已突破了《专利审查指南2010》的限制，其在“氨氯地平、厄贝沙坦复方制剂”发明专利权无效行政纠纷案中认为，数值范围1:10－30可以修改为1:30。② 但由于上述修改并非并列的技术方案的删除，因此不符合《专利审查指南2010》的相关规定。而《专利审查指南2010》对

---

① 第26764号《无效宣告请求审查决定书》，载国家知识产权局专利复审和无效审理部网站，https://cpquery.cponline.cnipa.gov.cn/detail/index?zhuanlisqh=XyUyzD555vNOxHDD9WWmyw%253D%253D&anjianbh，2025年4月8日访问。

② 参见最高人民法院行政裁定书，(2011)知行字第17号。

于修改限制使用了“一般限于”的表述,这至少意味着在特殊情况下是可以突破这样的限制的,但对符合何种条件才能突破上述限制并未规定。在涉及“钎焊不锈钢制品的方法和由此方法获得的不锈钢钎焊制品”发明专利权的无效行政纠纷案中,最高人民法院给出详细的论证,认为《专利审查指南》并未完全排除存在其他修改方式的可能性:“无效宣告程序中,修改方式作为手段,应当着眼于实现对权利要求书的修改满足不得超出原说明书和权利要求书记载的范围以及不得扩大原专利的保护范围两大法律标准的立法目的,兼顾行政审查行为的效率与公平保护专利权人的贡献,而不宜对具体修改方式作出过于严格的限制,否则将使得对修改方式的限制纯粹成为对专利权人权利要求撰写不当的惩罚。”①

在对专利无效程序中权利要求修改限制的考察中,石必胜从信赖利益、权利起草的激励、司法政策等视角对无效程序中修改的最小单元进行论述,其主张可以将权利要求书的组成单元分为权利要求、技术方案、技术特征三个层次,此处技术特征应作广义理解,即小于一个完整技术方案的任何量级的限定。②从属权利要求本身就是由附加技术特征组成的,技术方案也是由实现某一个技术功能的一个或多个技术特征组成的,因此上述权利要求组成单元的层次划分本质上是技术特征修改量级的问题。即便《专利审查指南 2010》放宽了无效程序中的修改限制,但仍然仅限于补入技术特征对权利要求作进一步限定,权利要求中的技术特征的变更和修改仍不符合《专利审查指南 2010》的一般规定。由此可见,从事实与价值二分来看,权利要求修改限制的量级是一个价值问题,不宜从事实层面在个案中追求修改技术特征的量级,否则将陷入无休止的技术层面的争执和证据的搜集。价值层面的问题可通过实践理性解决,无效程序中技术特征的修改量级也并非完全没有限制,而是需要经过背后实践理由的评价才能予以确认。在上述案例中,最高人民法院正是从利益平衡的角度论证了突破《专利审查指南 2010》限制的修改,从而佐证了笔者从价值因素进行考量的路径选择。

---

① 最高人民法院行政判决书,(2019)最高法知行终 19 号。

② 参见石必胜:《论无效程序中权利要求书修改的最小单元》,载《知识产权》2015 年第 1 期。

第三节　技术特征在司法程序中的应用

一、司法确权程序中的技术特征确定

（一）司法确权程序是行政确权程序的延续

按照我国《专利法》以及管辖方面的规定，专利申请人、专利权人以及无效宣告请求程序中的无效宣告请求人对国家知识产权局作出的复审决定书和无效决定书不服的，有权在三个月内向北京知识产权法院提起行政确权诉讼。北京知识产权法院作为司法机关审查国家知识产权局作出的具体行政行为的合法性，并将最高人民法院作为二审终审法院，以保持裁判上的一致性。从本质上说，司法确权程序无非就是根据行政确权程序中的证据和理由判断专利权的有效性以及结论与行政确权是否一致。围绕技术特征划分，现实中行政确权与司法确权在技术特征划分上也存在分歧，并各自进行了充分的论证；在司法确权的一审和二审中也可能对此存在观点上的"反转"。以欧瑞康纺织有限及两合公司、国家知识产权局专利行政纠纷案件为例，无效决定书采用了某种技术特征的划分方式，一审推翻了这种划分方式，最高人民法院在二审中又认可了无效决定书中的技术特征划分方式。[①] 当然，司法机关与行政机关在技术特征划分上也存在不同观点，但最终在专利有效性上的结论却是一致的。或者，司法机关与行政机关在技术特征划分上的观点相同，但对于技术特征的不同解释导致在专利有效性上的结论不同。如在关于专利号为 ZL01106125.1、名称为"容错阵列服务器"的发明专利的确权诉讼中，该案经历了无效宣告请求程序、一审确权程序、二审确权程序、最高人民法院再审裁定、二审重审程序和最高人民法院提审程序。在上述程序中，各方主体对于技术特征的划分并无异议，最终在最高人民法院提审程序中，对区别技术特征 b 重新进行了解释，从而推翻

---

① 参见最高人民法院行政判决书，(2020)最高法知行终 279 号。

了原来的无效决定书。[①] 紧接着，国家知识产权局再次作出无效宣告决定书，而后又经历了一审和二审行政诉讼，属于典型的循环诉讼。[②] 这一循环诉讼使得该确权纠纷前后持续长达 11 年之久。

由此可见，专利司法确权程序囿于行政诉讼的属性，无法直接改变原有行政决定，只能撤销行政决定并指定行政机关重新作出无效决定，而当事人仍有可能就国家知识产权局重新作出的无效宣告决定提起行政确权之诉，从而导致循环诉讼。[③] 司法确权仅涉及无效决定书或复审决定书中的证据和理由范围，并非一种全面的实质性审查，这就导致不断地有新证据和新理由的加入，进而重新提出无效宣告请求，造成程序被滥用。[④]

（二）提升司法确权的诉讼效率：以消解技术特征的不确定性为工具

我国现有的专利确权"行政一元制"在一定程度上阻滞了专利侵权诉讼的解决。有学者主张采用"行政与司法二元制"的确权制度来提升专利侵权的诉讼效率，即在专利侵权诉讼中对专利权的效力进行审查。[⑤] 这一观点意图在专利侵权诉讼中产生对世的效力认定，从而"毕其功于一役"地解决专利确权和侵权诉讼的问题。然而，上述思路以存在专利侵权诉讼为基础，但如何以民事诉讼判决来变更国家知识产权局的行政决定尚需理论上的支持。另外，上述思路能否切实提高行政确权的效率，有待商榷。

在专利确权的行政诉讼中，存在上诉率高和诉讼结果频繁反转的问题，其中的关键因素均与技术特征有关。换句话说，技术特征的不确定性加剧了上诉率高和诉讼结果频繁反转。因此，若能在专利确权诉讼中消解技术特征的不确定性，诉讼结果频繁反转的情况将得到有效缓解，从而降低诉讼主体上诉的预

---

① 参见最高人民法院行政判决书，(2013)行提字第 17 号。

② 参见北京市高级人民法院行政判决书，(2019)京行终 162 号。

③ 参见渠滢：《论专利无效诉讼中的"循环诉讼"问题》，载《行政法学研究》2009 年第 1 期。

④ 参见徐棣枫：《权利的不确定性与专利维权周期——专利法第 4 次修改草案相关方案的探讨》，载《南京大学学报（哲学·人文科学·社会科学版）》2013 年第 5 期。

⑤ 参见徐棣枫、张迩瀚：《论我国专利确权制度的改革路径：从"行政一元制"到"行政与司法二元制"》，载《重庆大学学报（社会科学版）》2022 年第 2 期。

期,最终降低上诉率。

在确权诉讼中减少技术特征的不确定性显然需要从源头上进行治理,统一专利行政部门与司法机关在无效请求程序中权利要求修改的量级。在这一点上,我国行政部门虽然已经放开了修改的限制,但仍然限定于将一个或多个技术特征补入权利要求,并设置了缩小保护范围的前提,而司法机关更倾向于可以突破上述限制而修改权利要求的技术特征。笔者主张应当坚持行政部门的做法,并将无效程序中技术特征的修改限定为纠正"明显的错误",从而与《专利审查指南2010》的规定保持一致。否则,司法机关认可了专利权人在无效宣告程序中不符合《专利审查指南2010》的修改,就相当于在确权诉讼中创造了接近于美国的专利再颁制度,容易将无效宣告程序异化为"专利再颁制度"。若要从规则上突破《专利审查指南2010》中"一般限于"的限制,则需要具体考量后面的实践理由,并且一旦可以不受限制地修改技术特征,那么权利要求中的部分技术特征就可能被替换,这会严重侵蚀专利权的公示公信原则。

在技术特征解释和技术特征划分问题上,由于在行政诉讼中现有技术和无效理由均是固定不变的,因此本书主张在行政确权的一审中,将技术特征解释和技术特征划分作为一个前置问题来处理,而在上诉阶段不得提出新的技术特征解释和技术特征划分方式,从而促使当事人积极地在一审中完成技术特征解释和技术特征划分的确定,避免在不同程序中变更技术特征解释和划分的方式。在专利号为ZL01106125.1、名称为"容错阵列服务器"的发明专利的确权诉讼中,权利人在向最高人民法院申请再审时提出了关于技术特征解释的新主张,而该技术特征解释在前述程序中均未被提及,造成该技术特征解释的原因在于权利人对技术特征的表达存在歧义,其未能在前述确权程序中进行解释,应当视为对进一步澄清技术特征的放弃。本书将上述观点总结为"技术特征一次全面解释/划分规则",该规则能有效避免一方当事人的"突袭"。例如,在上述"容错阵列服务器"的发明专利的确权诉讼中,专利权人利用在一审、二审、再审程序中均未提及的技术特征解释成功获得了最高人民法院提审的机会,虽然历经多个程序和漫长周期,但实际上"架空"了一审、二审程序,获得了类似证据“突袭”的效果。倘若在程序上迫使当事人尽早地将所有关于技术特征的解释和划分提出,则将节省后续的诉讼程序和司法资源,也可压缩技术特征解释和划分被不当利用的空间。我国司法实践中存在相关先例:鉴于现有技术证据均早于专利申请日,为维护生效裁判既判力,规范诉讼程序,避免对专利权人造成诉讼突袭并架空第一、二审诉讼程序,引导当事人在第一、二审诉讼程序中充分抗辩、解决纠纷,对被诉侵权人在再审审查程序中首次提出的现有技术抗辩理由和证据,不应予以审查。①

二、司法侵权判定程序中的技术特征确定

(一)侵权诉讼中的无效抗辩:以现有技术抗辩为切入点

现有技术抗辩制度是专利侵权诉讼中唯一的法定的无效抗辩制度②,该制度在个案中切实对专利权效力产生了影响。按照目前的法律规定,现有技术抗辩的结果尚不具有对世效力;从抗辩权制度的属性来看,该制度也只有相对效力。现有技术抗辩实质上是以新颖性标准来评价专利权效力,这就产生了一个问题——为什么只有新颖性问题才能在专利侵权诉讼中进行专利权确权?这可以简单地从现有技术抗辩的司法实践和其入法的历史脉络进行梳理和观察。我国的现有技术抗辩最早源于司法实践,并被认为是将被控侵权产品之技术与现有技术进行比对,甚至还强调了自由公知技术,排除了非有效状态下的专利技术。③ 或许正是由于现有技术抗辩制度适用之处体现的与专利权有效性相分离之性质,才顺理成章地让其在专利侵权诉讼中发挥抗辩的功能。因此,有学者认为,即便自由公知技术抗辩成立,也并不意味着要判定专利存在无效事

---

① 参见最高人民法院民事判决书,(2019)最高法知民申1号。

② 《专利法》第67条规定:“在专利侵权纠纷中,被控侵权人有证据证明其实施的技术或者设计属于现有技术或者现有设计的,不构成侵犯专利权。”虽然,现有技术抗辩并非直接针对专利权的效力,但本质上触及专利权的效力基础,故笔者在此将其称作法定的无效抗辩制度。

③ 参见戴晓翔:《“自由公知技术抗辩原则”已成为专利诉讼的一项重要原则——浙江省高级法院终审一专利侵权案》,载《中国知识产权报》1998年3月23日,第2版。

由,因为自由公知技术抗辩在概念上与无效制度并不抵触。[①] 但上述观点在实务上经不起推敲:完全抛开专利权的保护范围不顾,仅比较被控侵权产品之技术是否落入现有技术的范围,这一做法虽然在逻辑上尚可成立,但在没有专利权作为参照的情况下,要完成上述判断势必需要先从被控侵权产品上抽象出所有技术信息,进而进行比对和判断,其中有些技术信息甚至与专利权无关。那么,若这种技术信息不属于现有技术,是否会影响现有技术抗辩之成立?倘若没有以原告专利权利要求作为参照,作出"被诉技术属于现有技术"的判断何以可能?[②]

有学者在司法实践和司法解释中发现一个很有趣的现象:在司法解释出台前后,法院绝大多数涉及现有技术抗辩的判决都只将现有技术与被控侵权技术进行对比,只有个别判决同时将现有技术与专利技术进行对比。[③] 2001 年 6 月 19 日,最高人民法院通过《关于审理专利纠纷案件适用法律问题的若干规定》,其中第 9 条第 2 项规定,被告提供的证据足以证明其使用的技术已经公知的,人民法院可以不中止诉讼。因此,现有技术抗辩便以司法解释的形式确定下来。但上述规定似乎肯定了将被控侵权产品之技术与现有技术进行比较,并在此后的修改中予以保留。上述规定的适用和长期司法实践,造成了现有技术抗辩制度在专利司法中被固定下来,与专利确权制度"分道扬镳"。直到 2008 年,我国《专利法》第三次修正将现有技术抗辩纳入其中——"在专利侵权纠纷中,被控侵权人有证据证明其实施的技术或者设计属于现有技术或者现有设计的,不构成侵犯专利权"。

然而,后来的司法解释以及司法实践逐渐地将现有技术抗辩推向专利权的新颖性评价。最高人民法院《关于审理侵犯专利权纠纷案件应用法律若干问

---

① 参见杨志敏:《关于"公知技术抗辩"若干问题的研究——从中、德、日三国判例与学说的对比角度》,载《比较法研究》2003 年第 2 期。

② 参见和育东、甫玉龙:《专利相同侵权下现有技术抗辩制度反思》,载《法学杂志》2011 年第 11 期。

③ 参见张鹏、崔国振:《现有技术抗辩的对比方式和对比标准探析》,载《知识产权》2009 年第 1 期。

题的解释》第 14 条第 1 款规定:“被诉落入专利权保护范围的全部技术特征,与一项现有技术方案中的相应技术特征相同或者无实质性差异的,人民法院应当认定被诉侵权人实施的技术属于专利法第六十二条规定的现有技术。”可见,若无专利权保护范围的约束,被控侵权技术与现有技术相比就失去了参照,因此必须引入专利权保护范围来转介实现,从而间接地实现了专利权中的技术特征与现有技术进行比对,从而开始触及专利有效性问题。在司法实践中,先将被控侵权技术与专利权保护范围进行比对,以落入专利权保护范围的全部技术特征作为判断对象,然后再将这些技术特征与现有技术进行比对。① 有学者分析其中原因,认为现有技术抗辩的上述机制受限于中国的专利分权审查体制以及法院对技术的理解能力,因而将理论上应当采用可专利性评价标准的现有技术抗辩标准,转换成了不同于可专利性评价标准的其他评判标准。② 尤其是在满足相同侵权判定的情况下,若被告提出被诉技术属于现有技术,则该现有技术方案必然破坏原告专利的新颖性,在这种情况下现有技术抗辩实质上是以无新颖性为理由的无效抗辩。③ 当现有技术抗辩发展到关于新颖性的专利有效性评价时,便如日本著名法学家中山信弘所言,在专利当然无效抗辩适用后,现有技术抗辩即失去了其独立存在的价值。④

从技术特征这一微观视角观察,现有技术抗辩制度的存在既增加了技术特征划分和比对中的不确定性,也破坏了专利制度的体系性。在现有技术抗辩制度适用中,依法将被控侵权技术与现有技术对比,由于比对对象存在差异,二者的技术特征划分可能与专利权有效性判断以及侵权判定的技术特征划分存在不同,而现有技术抗辩制度恰恰赋予了这种不同以正当性,导致技术特征不确定性在现有技术抗辩中被保留,甚至被不当利用。虽然现有技术抗辩与无效抗

① 参见最高人民法院民事判决书,(2020)最高法民申 4758 号。

② 参见徐棣枫:《不正当行为抗辩制度之移植可行性及设计构想——基于〈专利法〉第四次修改中的“诚实信用原则”》,载《东方法学》2018 年第 6 期。

③ 参见和育东、甯玉龙:《专利相同侵权下现有技术抗辩制度反思》,载《法学杂志》2011 年第 11 期。

④ 参见李扬:《日本专利权当然无效抗辩原则及其启示》,载《法律科学(西北政法大学学报)》2012 年第 1 期。

辩制度的价值定位不同,但二者赖以判断的技术特征比对应当具有同一性。由于现有技术抗辩并非《专利审查指南》涵盖的范围,因此关于专利有效性的规定不能直接用于现有技术抗辩,而法院又会为此开创一套相关术语,从而造成实践中与专利权有效性相关的术语混用。在认识到二者同一性问题的基础上确立无效抗辩制度并吸收现有技术抗辩制度,有利于统一专利权效力判断中同一案件的技术特征划分,以在一定程度上消解技术特征的不确定性。

时至今日,在专利侵权诉讼的司法实践中,法院根据新颖性和创造性来对专利权效力进行评价已屡见不鲜,并将据此确定的专利权效力作为判案的依据。[①] 或许现有技术抗辩的发展既有历史的偶然,也有我国行政一元确权制度的推进,这些原因均导致其在一开始就与专利权效力问题分化,但却在实践中表现出影响专利权效力的属性,甚至开始与专利权的效力问题相融合。因此,是时候建立无效抗辩制度以吸收现有技术抗辩制度了。随着无效抗辩制度的建立,现有技术抗辩制度终将走进历史。

(二)侵权判定的理性化实践:抑制不当后果主义裁判

专利侵权包括相同侵权和等同侵权。相同侵权实际上意味着被控侵权产品完全落入专利权的保护范围,而在等同侵权的场合,二者之间存在区别技术特征。在满足相同侵权判定的场合下,由于不存在区别技术特征,技术特征划分显得并不重要,重点在于技术特征的解释,因为这涉及确定字面侵权的保护范围。然而事实可能恰恰相反,即这个时候反而更倚重于技术特征划分,因为如果被控侵权产品在字面上落入专利权保护范围但二者并非实质相同技术,那么在美国就会适用反向等同原则来解决该问题,从而将该被控侵权产品排除在专利权范围之外。[②] 而在我国,就被控侵权产品落入权利要求字面范围但技术特征存在实质不同的情况,双方通常在技术特征比对阶段就会因区别技术特征的划分产生争议,权利人会主张相同侵权,而被控侵权人则会认为二者存在区

① 参见江苏省南京市中级人民法院民事判决书,(2020)苏01民初890号。

② See George M. Sirilla et al. ,*The Doctrine of Equivalents: Both a Sword and a Shield*, Federal Circuit Bar Journal, Vol. 13:1, p. 75-116(2003-2004).

别技术特征。此时利用技术特征赋予的三要素来判断二者是否属于相同或等同的技术特征，虽然未在理论上抽象化为反向等同理论，但通过三要素来判断的方式和路径其实与反向等同理论是一致的。然而，一旦技术特征划分过细，无法从更抽象的技术功能来分解技术特征，那便极有可能造成在功能和原理上不同的产品落入专利权的保护范围，因此也就涉及如何应对多种技术特征划分方式作行动选择的问题，即通过制度利益下的实践理由进行衡量，而不宜过度追求技术事实层面的证据搜寻和解决。

技术特征划分和比对在等同侵权判定中起着至关重要的作用，自然也存在较大的复杂性，在技术特征比对中存在“一对多”“多对一”“多对多”等特殊形式。也就是说，在司法实践中，存在权利要求中的一个技术特征相当于被控侵权产品中的多个技术特征、被控侵权产品中的一个技术特征相当于权利要求中的多个技术特征、权利要求中的多个技术特征相当于被控侵权产品中的多个技术特征的情况。[①] 在这些特殊情形下，技术特征的划分方式几乎决定了等同侵权是否成立，由于存在多种符合技术特征定义的划分方式，因此司法机关在面对多种划分方式时会择一进行论证说理，容易将价值推理下的行为选择事实化，从而更倚重证据的支撑而缺少作为行为选择的实践理由。更有甚者，在此过程中，法官有可能先在内心确信等同侵权成立，然后为此寻找合适的技术特征划分方式来支撑其确信的结论，并围绕法律后果进行论证。在司法推理中，后果主义裁判存在严格的限制和裁判路径，而现实中，法官往往以一般的司法推理掩盖后果主义裁判，技术特征划分的不确定性事实上为不当后果主义裁判提供了空间。[②] 以后果来调控裁判，一旦后果自身不正义，技术特征划分就会成为这种不正义的“帮凶”。后果主义推理的前提往往是可欲的后果不能从既存的规则中获得，因此法官有必要超越法律规则而求诸实质判断。[③] 实践理由

① 参见徐卓斌：《美国专利法等同理论研究》，法律出版社2018年版，第61－65页。

② 参见孙海波：《通过裁判后果论证裁判——法律推理新论》，载《法律科学(西北政法大学学报)》2015年第3期。

③ 参见赵力：《论裁判后果主义推理的运作原理》，载《东方法学》2020年第1期。

支持下的制度利益衡量能够从正向兼顾后果，且关于技术特征的划分在规范程度上已具有较大的灵活性，不需要后果主义推理介入。由此可见，在技术特征划分中本没有后果主义裁判适用的正当性基础，但由于技术特征划分存在不确定性，因此这种不确定性可能被用于以后果为考量的一般法律推理当中。综上所述，本书以实践理由赋予某一技术特征划分方式的行为选择以正当性，从而实现了技术特征划分的理性化。“本领域普通技术人员”的视角也不再以法官的后果考量为准，也不是空洞的话术，而是建立在该领域相关人员构建之共同体的社会共识上，从而在司法裁判中起到了抑制不当后果主义裁判的效果。

结　论

专利制度的伟大创造在于，以制度设计克服无形技术方案的相容性，通过技术的表达将新的技术方案转化为排他的财产权利。脑海中抽象的技术方案或有形物的发明创造被转化为书面的专利文件，以此确定其权利范围。在专利制度运行中，权利要求书制度成为确定专利权保护范围的基石，"技术特征"作为权利要求的构成要素被广泛用于专利权的初始表达、授权、确权、侵权判定等程序中。本书尝试追溯中文、英文、德文语境下"技术特征"的来源和其在各专利法中的含义，我国专利法领域中的"技术特征"极有可能源于《德国专利法》的翻译，而《美国专利法》则使用构成要素（element）和限定（limitation）来表示技术特征。我国《专利法》对"技术特征"的使用，既有广义上等同于"限定"的使用，又有基于技术功能划分的规范化使用，这造成"技术特征"指向的两种含义被混用，一定程度上影响了人们对于"技术特征"的理解和认知。恰恰相反的是，《美国专利法》虽然混用"element"和"limitation"来表示技术特征，但实际上"limitation"更类似于一种量级更小的限定，"element"则具有更强的规范性。根据技术功能或组件的划分，"element"可能包含一个或多个"limitation"。

我国虽然未能在法律法规上对技术特征进行定义，但在司法实务中对技术特征进行了定义：技术特征是指在权利要求限定的技术方案中，能够相对独立地执行一定的功能，并能产生相对独立的技术效果的最小技术单元。上述定义尚不能提供技术特征划分的精确引导，但能在技术特征划分的灵活性与规范性之间构建一种平衡。毕竟，不同技术领域使用的技术特征表达存在极大差异，某一技术特征在整体技术方案中的作用在不同技术领域存在不同的抽象化程度。在抱怨技术特征划分缺乏确定性的规则指引的同时,我们似乎也需要意识到目前对技术特征的定义可能已是权衡各种情况的最优解。然而,考虑到技术特征划分的不确定性,以及由此可能引发的"寄生"不当后果主义裁判的危害,对其探究不应仅停留于表象问题,若欲寻求构建理性化的解决路径,则应从理论上分析技术特征划分的属性。在这些表象问题之下,隐藏着的理论问题是技术特征的划分在司法实践中无法完成理性化建构。

技术特征划分的量级,也就是技术特征划分和比对中的拆分与组合,在不同的案件中有着不同的划分依据,但当事人和裁判者均只在事实层面用现有技术证据的方式来寻求理性化论证。这显然混淆了事实与价值的二分属性,将一个事实与价值混合的问题当成一个纯事实的问题来求解。再进一步从理论上追溯无法完成理性化建构的原因,则是符合典型的事实与价值二分的休谟问题,即无法从单纯的事实推导出价值判断。在技术特征划分中,将事实与价值混杂在一起处理会导致价值问题被事实化,而事实问题又容易被价值化,加之技术特征自身的不确定性,最终造成在司法实践中几乎很难作出让各方当事人信服的技术特征划分和解释方式。在这样的背景下,专利裁判的司法理性难以建立,司法权威和公信力也因此降低。

本书从事实与价值二分这一哲学命题入手,并在事实与价值的沟通中引入了实践理性这一理论工具,从而在技术特征划分中建立起实践理性,以实现事实与价值的沟通。在技术特征划分中,事实层面的内容在于,权利要求客观记载的技术特征、现有技术或被控侵权的技术方案,其上相应的技术特征以及二者呈现出来的区别点。将技术特征的定义及其划分作为大前提,基于大前提对技术单元或限定的规范化涵摄,可得到某一技术单元或组合能相对独立地实现某一技术功能的结论。而根据不同的技术功能抽象化程度,一个或多个技术单元的组合实现某一个抽象化水平上之技术功能又存在多种可能。此时,选择何种技术特征的划分方式已经不再是事实问题,而是针对同一规范和不同实践理由下的不同划分方式寻求价值推理来进行行为选择。基于不同实践理由下的制度利益衡量,比较制度对应的价值位阶,选择价值位阶高的实践理由,并在该实践理由下完成行为选择，即选择相应的技术特征划分方式，从而实现有关技术特征划分的司法理性，减少司法裁判中不当的后果主义考量。

从技术特征划分的事实与价值二分属性可知，技术特征作为技术手段的表现形式，在表达上仅能承载事实的属性，技术特征划分的价值因素会无所依归。出于克服技术特征自身模糊性和严格形式主义的需要，以非显而易见性、等同原则为代表的规范在手段、功能和效果层面对技术特征施加了多维限制，这些多维限制构成了技术特征的多元分量，从而承载了技术特征的部分价值因素。

技术特征划分存在于确权和侵权等多个程序中，由于这些程序中技术特征比对的对象不同，尤其是在现有技术抗辩中采用了被控侵权技术与现有技术比对的方式，因此各个程序在技术特征划分上存在差异。本书主张构建无效抗辩制度以吸收现有技术抗辩制度，从而降低技术特征比对中的不确定性。在行政确权程序中，利用"技术特征一次全面解释/划分规则"能有效避免一方当事人的"突袭"，从而在一定程度上节省程序和司法资源。从区别技术特征视角出发，专利权有效性和侵权判定虽都以区别技术特征为基础，但涉及实质性相同的判断却采用了多种术语，本书主张围绕技术特征的多维限制实现"非显而易见性""等同""容易想到"等术语的同一性建构。

此外，本书对不同技术领域的技术特征表达虽有所涉及，但未作详细讨论。不同技术领域使用的技术语言和抽象化程度有所不同，体现在技术特征划分上亦有不同，这可能为专利权的精确激励提供微观调节的工具。本书未及讨论但又与本书密切相关的重要话题还有技术特征表达与技术标准表达的异同，在本书研究成果的基础上，从私权和标准的公共性视角研究二者的表达或许会成为笔者今后的重要研究方向之一。

主要参考文献

一、中文文献

（一）中文著作

1. 中华人民共和国国家知识产权局制定：《专利审查指南 2023》，知识产权出版社 2024 年版。

2. 国家知识产权局条法司组织翻译：《外国专利法选译》（中），知识产权出版社 2015 年版。

3. 吴汉东：《无形财产权基本问题研究》（第 4 版），中国人民大学出版社 2020 年版。

4. 谢晓尧：《竞争秩序的道德解读：反不正当竞争法研究》，法律出版社 2005 年版。

5. 程永顺主编：《专利侵权判定实务》，法律出版社 2002 年版。

6. 徐棣枫等：《专利权的不确定性与专利诱饵的法律规制》，知识产权出版社 2019 年版。

7. 董涛：《专利权利要求》，法律出版社 2006 年版。

8. 徐卓斌：《美国专利法等同理论研究》，法律出版社 2018 年版。

9. 阳平：《论侵害知识产权的民事责任——从知识产权特征出发的研究》，中国人民大学出版社 2005 年版。

10. 盛国荣：《西方技术思想研究——一种基于西方哲学史的思考路径》，中国社会科学出版社 2011 年版。

11. 刘二中编著:《技术发明史》,中国科学技术大学出版社 2006 年版。

12. 熊文聪:《事实与价值二分:知识产权法的逻辑与修辞》,华中科技大学出版社 2016 年版。

13. 张新锋:《专利权的财产权属性——技术私权化路径研究》,华中科技大学出版社 2011 年版。

14. 凌金铸:《知识产权因素与中美关系:1989—1996》,上海人民出版社 2007 年版。

15. 吕炳斌:《专利披露制度研究:以 TRIPS 协定为视角》,法律出版社 2016 年版。

16. 闫文军:《专利权的保护范围》(第 2 版),法律出版社 2018 年版。

17. 陈文煊:《专利权的边界——权利要求的文义解释与保护范围的政策调整》,知识产权出版社 2014 年版。

18. 尹新天:《专利权的保护》(第 2 版),知识产权出版社 2005 年版。

19. 徐棣枫:《专利权的扩张与限制》,知识产权出版社 2007 年版。

20. 吴军:《数学之美》,人民邮电出版社 2012 年版。

21. 赵元果:《中国专利法的孕育与诞生》,知识产权出版社 2003 年版。

22. 黄伟力:《法律逻辑学新论》,上海交通大学出版社 2000 年版。

23. 张绍杰:《语言符号任意性研究——索绪尔语言哲学思想探索》,上海外语教育出版社 2004 年版。

24. 黄正华:《人文社会科学方法论》,社会科学文献出版社 2016 年版。

25. 孙伟平:《事实与价值:休谟问题及其解决尝试》,社会科学文献出版社 2016 年版。

26. 谢在全:《民法物权论》,中国政法大学出版社 1999 年版。

27. 陈华彬:《物权法原理》,国家行政学院出版社 1998 年版。

28. 吴观乐主编:《发明和实用新型专利申请文件撰写案例剖析》(第 2 版),知识产权出版社 2004 年版。

29. 张晓都:《专利实质条件》,法律出版社 2002 年版。

30. 谢世民主编:《理由转向:规范性之哲学研究》,台北,台湾大学出版中心 2015 年版。

31. 苏国勋:《理性化及其限制》,商务印书馆 2016 年版。

32. 陈景辉:《实践理由与法律推理》,北京大学出版社 2012 年版。

33. 梁上上:《利益衡量论》(第 2 版),法律出版社 2016 年版。

34. 焦宝乾:《法律论证:思维与方法》,北京大学出版社 2010 年版。

35. 毛立华:《论证据与事实》,中国人民公安大学出版社 2008 年版。

36. 赵承寿:《司法裁判中的事实问题》,中国政法大学出版社 2015 年版。

(二)中文译作

1. [德]伊曼努尔·康德:《纯粹理性批判》,李秋零译,中国人民大学出版社 2004 年版。

2. [法]布鲁诺·雅科米:《技术史》,蔓君译,北京大学出版社 2000 年版。

3. [俄]B. M. 罗津:《技术哲学:从埃及金字塔到虚拟现实》,张艺芳译,上海科技教育出版社 2018 年版。

4. [瑞士]费迪南·德·索绪尔:《普通语言学教程》,裴文译,江苏教育出版社 2001 年版。

5. [古希腊]亚里士多德:《物理学》,张竹明译,商务印书馆 1982 年版。

6. [英]洛克:《人类理解论》,关文运译,商务印书馆 1983 年版。

7. [瑞士]索绪尔:《普通语言学教程》,高名凯译,商务印书馆 1980 年版。

8. [美]丹·L. 伯克、马克·A. 莱姆利:《专利危机与应对之道》,马宁、余俊译,中国政法大学出版社 2013 年版。

9. [美]J. M. 穆勒:《专利法》(第 3 版),沈超等译,知识产权出版社 2013 年版。

10. [美]迈克尔·波兰尼:《个人知识:朝向后批判哲学》,徐陶译,上海人民出版社 2017 年版。

11. [美]休谟:《人性论》(下册),关文运译,商务印书馆 1996 年版。

12. [美]理查德·A. 波斯纳:《法理学问题》,苏力译,中国政法大学出版社 2002 年版。

13. [美]本杰明·N. 卡多佐:《法律的成长》,李红勃、李璐怡译,北京大学出版社 2014 年版。

14. [美]哈特:《法律的概念》,张文显等译,中国大百科全书出版社 1996 年版。

15. [美]E. 博登海默:《法理学:法律哲学与法律方法》,邓正来译,中国政法大学出版社 2017 年版。

16. 中共中央马克思恩格斯列宁斯大林著作编译局编译:《马克思恩格斯全集》(第 3 卷),人民出版社 2002 年版。

17. [德]恩格斯:《反杜林论》,中共中央马克思恩格斯列宁斯大林著作编译局译,人民出版社 1999 年版。

18. [美]彼得·L. 伯格、托马斯·卢克曼:《现实的社会建构》,吴肃然译,北京大学出版社 2019 年版。

19. [美]L. A. 扎德:《模糊集合、语言变量及模糊逻辑》,陈国权译,科学出版社 1982 年版。

(三)中文论文

1. 刘松青:《"规范性"的形而上学疑难》,载《科学技术哲学研究》2020 年第 5 期。

2. 张荣彦:《小小铆钉　一波三折——从一件"无效"案看专利法所称的"技术方案"》,载《中国发明与专利》2004 年第 10 期。

3. 杨雄文、郭哲:《知识的不确定性与知识产权裁判的可预测性》,载《法律适用》2017 年第 19 期。

4. 江镇华:《关于专利侵权的判定》,载《中国法学》1988 年第 3 期。

5. 闻秀元:《如何对技术方案进行特征区别》,载程永顺主编:《专利侵权判定实务》,法律出版社 2002 年版。

6. 崔国斌:《专利技术的等同比较》,载郑胜利主编:《北大知识产权评论》第 1 卷,法律出版社 2002 年版。

7. 刘永沛:《专利侵权判定元对比理论》,载《北大法律评论》第 12 卷第 2 辑,北京大学出版社 2011 年版。

8. 汪涛:《浅谈权利要求中的非技术特征》,载《中国发明与专利》2015 年第 4 期。

9. 罗天强:《论技术与自然规律》,载《科学学研究》2008 年第 4 期。

10. 管晓刚:《关于技术本质的哲学释读》,载《自然辩证法研究》2001 年第 12 期。

11. 孔明安:《从物的消费到符号消费——鲍德里亚的消费文化理论研究》,载《哲学研究》2002 年第 11 期。

12. 卢现祥、笪琼瑶:《知识溢出、知识产权保护与企业创新》,载《江汉论坛》2020 年第 11 期。

13. 吴汉东:《财产的非物质化革命与革命的非物质财产法》,载《中国社会科学》2003 年第 4 期。

14. 吕炳斌:《专利披露制度起源初探》,载国家知识产权局条法司编:《专利法研究 2009》,知识产权出版社 2010 年版。

15. 张平:《市场主导下的知识产权制度正当性再思考》,载《中国法律评论》2019 年第 3 期。

16. 李洁琼:《从专利社会契约论角度重新审视专利制度——评彼得·达沃豪斯〈知识的全球化管理〉》,载谢进杰主编:《中山大学法律评论》第 14 卷第 3 辑,中国民主法制出版社 2017 年版。

17. 吴汉东:《法哲学家对知识产权法的哲学解读》,载《法商研究》2003 年第 5 期。

18. 吕炳斌:《专利契约论的二元范式》,载张仁善主编:《南京大学法律评论》2012 年秋季卷,法律出版社 2012 年版。

19. 杨德桥:《专利权社会契约理论及其对专利充分公开制度的证成》,载《北京化工大学学报(社会科学版)》2018 年第 2 期。

20. 董妍等:《权利要求保护范围在专利审查和司法解释中的差异分析》,

载《知识产权》2013 年第 7 期。

21. 董涛:《"专利权利要求"起源考》,载国家知识产权局条法司编:《专利法研究 2008》,知识产权出版社 2009 年版。

22. 梁志文:《专利权的界定:沟通权利要求的解释与公开充分性》,载崔国斌主编:《清华知识产权评论》2015 年第 1 辑,法律出版社 2015 年版。

23. 崔忠武:《论专利权保护范围界定的原则》,载《中共青岛市委党校　青岛行政学院学报》2009 年第 9 期。

24. 王金福、徐钊:《论对文本的理解与对事物的认识的区别——兼论解释学和哲学相互过渡的逻辑通道》,载《江苏社会科学》2010 年第 4 期。

25.《新型环锭精纺机技术特征》,载《山东纺织科技动态》1973 年第 7 期。

26. 李宝善:《目前国外专业唱机技术特征综述》,载《电声技术》1981 年第 4 期。

27. 金智才:《捷克喷水织机的技术特征》,载《上海纺织科技》1981 年第 6 期。

28. 何耀东:《瑞士罗瓦空调设备的技术特征》,载《建筑技术通讯(暖通空调)》1983 年第 4 期。

29. 文豪:《技术特征、知识产权与技术创新:基于产业差异的分析》,东北财经大学产业组织与企业组织研究中心、中国工业经济学会、《经济研究》杂志社"2010 年中国产业组织前沿论坛"会议论文,2010 年 7 月 24 日 –25 日于大连。

30. 庞建荣:《模糊语言及其语境依赖性》,载《外语与外语教学》2008 年第 7 期。

31. 苏苗苗:《专利蟑螂滥用诉权行为分析》,载《清华知识产权评论》2020 年第 1 辑,法律出版社 2020 年版。

32. 于波、祖子涵:《知识产权鉴定中技术特征分解方法的选择——以专利为视角分析》,载《中国司法鉴定》2021 年第 6 期。

33. 罗霞:《论〈专利法〉第 26 条第 4 款在权利要求存在撰写错误时的正确

适用》,载《法律适用》2012 年第 9 期。

34. 张小林:《论专利法中的“本领域普通技术人员”》,载《科技与法律》2011 年第 6 期。

35. 杨红军:《理性人标准在知识产权法中的规范性适用》,载《法律科学(西北政法大学学报)》2017 年第 3 期。

36. 刘宇:《后果主义道德评价的社会合作理论——以“囚徒困境”为视角》,载《南京师大学报(社会科学版)》2016 年第 2 期。

37. 孟睿、徐棣枫:《专利权利要求中的错误初探:错误的形式、改正的途径》,载《知识产权》2018 年第 11 期。

38. 乔文心:《让“技术事实认定”中立、客观、科学》,载《人民法院报》2019 年 11 月 8 日,第 1 版。

39. 宋晓明、王闯、吴蓉:《〈关于知识产权法院技术调查官参与诉讼活动若干问题的暂行规定〉的理解与适用》,载《人民司法》2015 年第 7 期。

40. 桑本谦:《法律解释的困境》,载《法学研究》2004 年第 5 期。

41. 杨波:《法律事实辨析》,载《当代法学》2007 年第 6 期。

42. 陈杭平:《论“事实问题”与“法律问题”的区分》,载《中外法学》2011 年第 2 期。

43. 刘家瑞:《论知识产权与占有制度》,载《法学》2003 年第 10 期。

44. 吕炳斌:《单独的“书面描述”要求理论探析》,载《电子知识产权》2010 年第 10 期。

45. 龚柏华、顾安琪:《美国联邦巡回上诉法院否定中国电池企业出口产品侵犯美国企业专利(“337 条款”)案评析》,载《国际商务研究》2008 年第 4 期。

46. 吴汉东:《试论“实质性相似 + 接触”的侵权认定规则》,载《法学》2015 年第 8 期。

47. 李琛:《树 · 阳光 · 二分法》,载《电子知识产权》2005 年第 7 期。

48. 蔡伟:《专利侵权诉讼中权利要求的选择及比对的裁判方法》,载《人民司法》2019 年第 4 期。

49. 张荣彦:《关于"功能性限定"》,中华全国专利代理人协会 2013 年年会暨第四届知识产权论坛会议论文。

50. 刘晓军:《专利创造性评判中的技术启示》,载《知识产权》2012 年第 5 期。

51. 崔国斌:《知识产权确权模式选择理论》,载《中外法学》2014 年第 2 期。

52. 张鹏:《我国专利无效判断上"双轨制构造"的弊端及其克服——以专利侵权诉讼中无效抗辩制度的继受为中心》,载《政治与法律》2014 年第 12 期。

53. 徐棣枫:《权利的不确定性与专利维权周期——专利法第 4 次修改草案相关方案的探讨》,载《南京大学学报(哲学·人文科学·社会科学版)》2013 年第 5 期。

54. 黄国群:《我国专利创造性判定中的整体性评审与模型构造研究》,载《上海财经大学学报》2015 年第 3 期。

55. 刘筠筠:《等同原则法律适用问题的再思考——兼论整体等同与全部技术特征原则》,载王立民主编:《知识产权法研究》第 7 卷,北京大学出版社 2009 年版。

56. 赵力:《论裁判后果主义推理的运作原理》,载《东方法学》2020 年第 1 期。

57. 詹映、张弘:《我国知识产权侵权司法判例实证研究——以维权成本和侵权代价为中心》,载《科研管理》2015 年第 7 期。

58. 江明、刘辉、黄欢:《图像二值化技术的研究》,载《软件导刊》2009 年第 4 期。

59. 赵雪松、陈淑珍:《综合全局二值化与边缘检测的图像分割方法》,载《计算机辅助设计与图形学学报》2001 年第 2 期。

60. 李建华、马小姝、郭成安:《基于方向图的动态阈值指纹图像二值化方法》,载《大连理工大学学报》2002 年第 5 期。

61. 毛昊、刘夏:《经济学视角下中国专利无效制度的改革路径》,载《知识产权》2020 年第 10 期。

62. 牟丹、傅枫雅:《钓鱼式和抢申式专利维权的预警及治理——以杭州知识产权法庭批量专利诉讼为切入点》,载《人民司法》2020 年第 13 期。

63. 饶先成:《科创板拟上市企业的专利风险识别及应对——基于 205 份科创板拟上市企业招股说明书的实证分析》,载《科技与法律》2020 年第 6 期。

64. 席月民:《民商事案件二审改判的标准及其规则之治》,载《中国政法大学学报》2018 年第 3 期。

65. 王彬:《司法裁决中的"顺推法"与"逆推法"》,载《法制与社会发展》2014 年第 1 期。

66. 黎华献:《知识财产利益权利化路径之反思》,载《现代法学》2020 年第 3 期。

67. 胡学军、涂书田:《司法裁判中的隐性知识论纲》,载《现代法学》2010 年第 5 期。

68. 张骐:《论中国案例指导制度向司法判例制度转型的必要性与正当性》,载《比较法研究》2017 年第 5 期。

69. 张书青:《专利侵权等同判定的原则与规则》,载《电子知识产权》2016 年第 12 期。

70. 王彬:《逻辑涵摄与后果考量:法律论证的二阶构造》,载《南开学报(哲学社会科学版)》2020 年第 2 期。

71. 李会彬:《刑法因果关系中事实判断与规范评价的区分》,载《政治与法律》2022 年第 4 期。

72. 韩东屏:《实然·应然·可然——关于休谟问题的一种新思考》,载《江汉论坛》2003 年第 11 期。

73. 焦宝乾:《事实与规范的二分及法律论证》,载《法商研究》2005 年第 4 期。

74. 王国龙:《裁判理性与司法权威》,载《华东政法大学学报》2013 年第 4 期。

75. 宋亚辉:《追求裁判的社会效果:1983—2012》,载《法学研究》2017 年第

5 期。

76. 叶自强:《论推定的概念、性质和基础事实》,载《法律适用》2021 年第 9 期。

77. 杨秀清:《我国知识产权诉讼中技术调查官制度的完善》,载《法商研究》2020 年第 6 期。

78. 熊文聪:《作为认识论的事实与价值二分法——兼论自然权利与法定权利之争》,载陈金钊、谢晖主编:《法律方法》第 14 卷,山东人民出版社 2013 年版。

79. [比利时]Ch. 佩雷尔曼:《逻辑学与修辞学》,许毅力译,载《哲学译丛》1988 年第 4 期。

80. 杨泽波:《我们应当如何理解休谟伦理难题?——兼评孙伟平博士的新著〈事实与价值〉》,载《中州学刊》2002 年第 4 期。

81. 郑成良:《论法律形式合理性的十个问题》,载《法制与社会发展》2005 年第 6 期。

82. 刘松青:《存在"规范事实"吗?》,载《中国人民大学学报》2018 年第 5 期。

83. 张骐:《论裁判规则的规范性》,载《比较法研究》2020 年第 4 期。

84. 张继成:《从案件事实之"是"到当事人之"应当"——法律推理机制及其正当理由的逻辑研究》,载《法学研究》2003 年第 1 期。

85. 郑婉君:《批判与超越"休谟问题":〈反杜林论〉的解读及其当代价值》,载《华北电力大学学报(社会科学版)》2022 年第 1 期。

86. 陈征楠:《法律价值的系统论格局》,载《中国法学》2022 年第 2 期。

87. 张继成:《法律价值推理的方法及其公理》,载《东岳论丛》2005 年第 1 期。

88. 谢晖:《论诸法学流派对法律方法的理论支援》,载《法律科学(西北政法大学学报)》2014 年第 2 期。

89. 焦宝乾:《当代法律方法论的转型——从司法三段论到法律论证》,载

《法制与社会发展》2004 年第 1 期。

90. 张曦:《实践理性与规范性的“构成性论证”》,载《世界哲学》2013 年第 6 期。

91. 卞绍斌:《实践理性与价值共识——当代中国伦理话语体系构建的范式省思》,载《东南大学学报(哲学社会科学版)》2021 年第 3 期。

92. 范立波:《论法律规范性的概念与来源》,载《法律科学(西北政法大学学报)》2010 年第 4 期。

93. 李国英:《论字典义项误设》,载《北京师范大学学报(人文社会科学版)》2002 年第 4 期。

94. 闫宇晨:《论我国法院判定专利权效力的界限——专利无效判断方式的原则与例外》,载《知识产权》2020 年第 1 期。

95. 于海东、徐棣枫:《专利法不正当行为原则的功效及正当性研究》,载《湖南大学学报(社会科学版)》2019 年第 5 期。

96. 饶先成:《“诚实信用原则”引入专利驳回和无效理由的法律构造——兼评专利法第四次修正案(草案)第二十条》,载《科技与法律》2020 年第 4 期。

97. 莫良元、周阿红、黄茜:《现代自由心证制度的科学品格和价值维度》,载《安徽师范大学学报(人文社会科学版)》2006 年第 3 期。

98. 汪海燕、胡常龙:《自由心证新理念探析——走出对自由心证传统认识的误区》,载《法学研究》2001 年第 5 期。

99. 徐方明、傅晓亮:《“非显而易见性”的含义及其判断标准的演变》,载中华全国专利代理人协会编:《〈专利法〉第 22 条—创造性理论与实践——2011 年专利审查与专利代理高端学术研讨会论文选编》,知识产权出版社 2012 年版。

100. 梁金星、万晓霞:《彩色数码相机单幅 RGB 图像光谱重建研究》,载《光学学报》2017 年第 9 期。

101. 张迩瀚:《论基础专利之改进技术保护路径的完善——以确立反向等同原则为视角》,载《科技进步与对策》2022 年第 5 期。

102. 胡安朋:《宽范围变量情报及其计算机检索系统——在化合物 Markush(马库什)结构检索中的应用》,载《情报学报》1992 年第 6 期。

103. 曾红芳:《浅析权利要求单侧撰写》,载《专利代理》2019 年第 4 期。

104. 梁志文:《论专利申请人之现有技术披露义务》,载《法律科学(西北政法大学学报)》2012 年第 1 期。

105. 刘瑾等:《关于发明专利申请初步审查程序中依职权修改的探讨》,载《中国发明与专利》2015 年第 10 期。

106. 蒋志培:《知识产权司法保护的几个问题》,载《中国发明与专利》2006 年第 6 期。

107. 石必胜:《论无效程序中权利要求书修改的最小单元》,载《知识产权》2015 年第 1 期。

108. 渠滢:《论专利无效诉讼中的"循环诉讼"问题》,载《行政法学研究》2009 年第 1 期。

109. 徐棣枫、张迩瀚:《论我国专利确权制度的改革路径:从"行政一元制"到"行政与司法二元制"》,载《重庆大学学报(社会科学版)》2022 年第 2 期。

110. 戴晓翔:《"自由公知技术抗辩原则"已成为专利诉讼的一项重要原则——浙江省高级法院终审一专利侵权案》,载《中国知识产权报》1998 年 3 月 23 日,第 2 版。

111. 杨志敏:《关于"公知技术抗辩"若干问题的研究——从中、德、日三国判例与学说的对比角度》,载《比较法研究》2003 年第 2 期。

112. 和育东、甫玉龙:《专利相同侵权下现有技术抗辩制度反思》,载《法学杂志》2011 年第 11 期。

113. 张鹏、崔国振:《现有技术抗辩的对比方式和对比标准探析》,载《知识产权》2009 年第 1 期。

114. 徐棣枫:《不正当行为抗辩制度之移植可行性及设计构想——基于〈专利法〉第四次修改中的"诚实信用原则"》,载《东方法学》2018 年第 6 期。

115. 李扬:《日本专利权当然无效抗辩原则及其启示》,载《法律科学(西北政法大学学报)》2012 年第 1 期。

116. 饶先成:《专利技术特征划分的反思与重构》,载《交大法学》2023 年第 6 期。

117. 饶先成:《专利技术特征溯源及其规范化》,载《中国科技论坛》2024 年第 2 期。

118. 邹琳:《英国专利制度发展史研究》,湘潭大学 2011 年博士学位论文。

119. 何晓平:《专利等同侵权研究》,西南政法大学 2009 年博士学位论文。

120. 闫宇晨:《论专利权的推定效力》,南京大学 2020 年博士学位论文。

121. 夏淑萍:《专利权效力推定规则研究》,中南财经政法大学 2014 年博士学位论文。

122. 张钰光:《"法律论证"构造与程序之研究》,台北,台湾辅仁大学法律学研究所 2001 年博士学位论文。

123. 石必胜:《专利创造性判断比较研究》,中国政法大学 2011 年博士学位论文。

二、外文文献

(一)外文著作类

1. Dan L. Burk & Mark A. Lemley, *The Patent Crisis and How the Courts Can Solve It*, The University of Chicago Press, 2009.

2. Robert Patrick Merges, *Patent Law and Policy: Cases and Materials*, 7th edition, Carolina Academic Press, 2017.

3. James Bessen & Michael J. Meurer, *Patent Failure: How Judges, Bureaucrats and Lawyers Put Innovators at Risk*, Princeton University Press, 2008.

4. Daniel R. Headrick, *Technology: A World History*, Oxford University Press, 2009.

5. Christine MacLeod, *Inventing the Industrial Revolution: The English Patent System, 1660 – 1800*, Cambridge University Press, 1988.

6. Henry Hardinge Cunynghame, *English Patent Practice: With Acts, Rules, Forms, and Precedents*, W. Clowes and Sons, 1894.

7. Thomas Terrell, *The Law and Practice Relating to Letters Patent for Inventions*, Sweet & Sons, 1889.

8. Robert C. Kahr & Stuart B. Soffer, *Thesaurus of Claim Construction*, Oxford University Press, 2011.

9. European Patent Office, *Case Law of the Boards of Appeal of the European Patent Office*, 7th edition, European Patent Office, 2013.

10. R. M. Hare, *The Language of Morals*, Oxford University Press, 1952.

11. T. M. Scanlon, *What We Owe to Each Other*, The Belknap Press of Harvard University Press, 1998.

12. W. D. Hudson, *The Is – Ought Question, a Collection of Papers on the Central Problem in Moral Philosophy*, Cambridge University Press, 1969.

13. Onora O'Neill, *Towards Justice and Virtue: A Constructive Account of Practical Reasoning*, Cambridge University Press, 1996.

14. Hermann Kinkeldey & Wilfried Stockmair, *The New German Patent Law (1981) in English and German*, Verlag Chemie, 1981.

(二)外文期刊类

1. Kelly Casey Mullally, *Patent Hermeneutics: Form and Substance in Claim Construction*, Florida Law Review, Vol. 59:2(2007).

2. Gretchen Ann Bender, *Uncertainty and Unpredictability in Patent Litigation: The Time Is Ripe for a Consistent Claim Construction Methodology*, Journal of Intellectual Property Law, Vol. 8:2(2001).

3. Dan L. Burk & Mark A. Lemley, *Quantum Patent Mechanics*, Lewis & Clark Law Review, Vol. 9:1(2005).

4. Tun – Jen Chiang, *The Levels of Abstraction Problem in Patent Law*, Northwestern University Law Review, Vol. 105:3(2011).

5. E. Wyndham Hulme, *On the Consideration of the Patent Grant Past and Present*, *Law Quarterly Review*, *Vol.* 13:3(1897).

6. Keith N. Hylton, *Patent Uncertainty: Toward a Framework with Applications*, Boston University Law Review, Vol. 96:3(2016).

7. Henry E. Smith, *Intellectual Property as Property: Delineating Entitlements in Information*, Yale Law Journal, Vol. 116:8(2007).

8. Christopher A. Cotropia, *Patent Claim Interpretation and Information Costs*, Lewis & Clark Law Review, Vol. 9:1(2005).

9. William S. Blatt, *Interpretive Communities: The Missing Element in Statutory Interpretation*, Northwestern University Law Review, Vol. 95:2(2001).

10. Kristen Osenga, *Linguistics and Patent Claim Construction*, Rutgers Law Journal, Vol. 38:1(2006).

11. Carol M. Rose, *Possession as the Origin of Property*, University of Chicago Law Review, Vol. 52:1(1985).

12. Henry E. Smith, *The Language of Property: Form, Context, and Audience*, Stanford Law Review, Vol. 55:4(2003).

13. Russ VerSteeg, *The Roman Law Roots of Copyright*, Maryland Law Review, Vol. 59:2(2000).

14. Clarisa Long, *Information Costs in Patent and Copyright*, Virginia Law Review, Vol. 90:2(2004).

15. Timothy R. Holbrook, *Possession in Patent Law*, SMU Law Review, Vol. 59:1(2006).

16. Jeanne C. Fromer, *Claiming Intellectual Property*, University of Chicago Law Review, Vol. 76:2(2009).

17. John R. Allison & Mark A. Lemley, *Empirical Evidence on the Validity of Litigated Patents*, American Intellectual Property Law Association Quarterly Journal, Vol. 26(1998).

18. Joseph Farrell & Robert P. Merges, *Incentives to Challenge and Defend Patents: Why Litigation wont Reliably Fix Patent Office Errors and Why Administrative Patent Review Might Help*, Berkeley Technology Law Journal, Vol. 19:3(2004).

19. Jonathan A. Barney, *A Study of Patent Mortality Rates: Using Statistical Survival Analysis to Rate and Value Patent Assets*, American Intellectual Property Law Association Quarterly Journal, Vol. 30:3(2002).

20. Carl Shapiro, *Antitrust Limits to Patent Settlements*, RAND Journal of Economics, Vol. 34:2(2003).

21. George M. Sirilla et al., *The Doctrine of Equivalents: Both a Sword and a Shield*, Federal Circuit Bar Journal, Vol. 13:1(2003-2004).

三、网络资源

1. 徐卓斌:《美国专利法上的“全部技术特征”规则》,载微信公众号“知产力”2016年9月10日,https://mp.weixin.qq.com/s/ssx8Xb0DtnRw_qMBd9N0CQ。

2. 第26764号《无效宣告请求审查决定书》,载国家知识产权局专利复审和无效审理部网站,https://cpquery.cponline.cnipa.gov.cn/detail/index?zhuanlisqh=XyUyzD555vNOxHDD9WWmyw%253D%253D&anjianbh,2025年4月8日访问。

3. 刘元霞、廖晓军:《方法专利中的非技术特征是否应当被考虑?》,载搜狐网2018年6月5日,https://www.sohu.com/a/234235364_221481。

4.《专利审查指南(2023)》,载国家知识产权局网站2023年12月21日,https://www.cnipa.gov.cn/art/2023/12/21/art_2790_189500.html。

5.《关于就〈专利审查指南修改草案(征求意见稿)〉公开征求意见的通知》,载国家知识产权局网站2021年8月3日,https://www.cnipa.gov.cn/art/2021/8/3/art_75_166474.html。

四、工具书

1. Bryan A. Garner, *Black's Law Dictionary*, 8th edition, Thomson Reuters West Press, 2004.

2. Elizabeth A. Martin, *A Dictionary of Law*, Oxford Unversity Press, 2003.

3. 中国社会科学院语言研究所词典编辑室:《现代汉语词典》(第 5 版),商务印书馆 2005 年版。

后　记

2022年5月20日，是南京大学百廿校庆日。就在这一天，在校园各地以及网络上洋溢着浓浓的校庆气氛之时，我完成了博士学位论文的初稿。就在这个时候，我在心里便开始揣摩、构思论文最后的致谢部分，最后提笔还是决定从博士学位论文撰写的过程开始。

关于技术特征的选题的思考，最早源于2019年12月25日，在我的导师徐棣枫教授给我们2019级博士生讲授法学前沿的课程上，徐老师提及两个关于技术特征拆分与组合的案例。由于我有多年专利实务的经验，这个主题着实吸引了我的注意力。虽然短时间内难以在理论层面形成对技术特征的思考，但这一想法却一直萦绕在我的脑海中。2020年1月，在我和徐老师前往北京出差的旅途中，我向徐老师持续地请教，将“技术特征”作为博士学位论文主题的兴趣也逐渐浓郁。然而，探讨专利法中的技术特征显然是件困难的事情，要将其作为博士学位论文的选题更是如此，需要一定的勇气。选题的难度超出了我的预期，在一定程度上导致我拖延了开题，我也迟迟无法真正进入实质性的研究状态。直到2022年1月，我在忐忑中将博士学位论文提纲发给徐老师审阅，徐老师从技术特征术语的形成、表达以及如何从符号学、技术规范等角度分析技术特征给予我指导，对我提纲的完善和论文撰写起到了很大的推进作用。在此后的撰写过程中，我在与徐老师的持续交流中获得了连续的指导，从而形成了我的博士学位论文《论专利法中的技术特征》。2024年，我以博士学位论文为基础形成书稿，申报了2025年浙江省哲学社会科学后期资助课题并顺利获批，故本书既是我三年博士阶段的总结,也是2025年浙江省哲学社会科学后期资助课题的结项成果。

在三年的博士阶段学习中,在我的导师徐棣枫教授的指导下,我较快地完成了学术训练并进入学术研究状态。在徐老师门下,徐老师的要求无疑是严格的,我时常感到难以达到令老师满意的状态。如果有表扬,那可能是从其他人口中听到徐老师对弟子的表扬。前文提到的技术特征选题实际上也是徐老师"压箱底"的选题,我也感受到徐老师对该选题的珍惜,时感诚惶诚恐,生怕未达预期而破坏甚至"糟蹋"了一个好选题。无论是在博士入学阶段,还是在毕业论文的选题和写作过程中,甚至是在生活中,徐老师都给了我极大的指导和帮助。

在申请南京大学博士入学考核之时,为我写推荐信的是我硕士母校安徽大学法学院的朱庆教授和汪金兰教授。他们在我学习和工作中给予我持续的支持和帮助。我的室友刘延炀在入学考试前就给了我很大的帮助和鼓励,我们一同备考,录取后恰好被分在同一宿舍,很荣幸与他共度三年的求学生涯。在博士学位论文写作过程中,我也得到了他宝贵的经验。感谢我的同门师兄闫宇晨博士、孟睿博士、严骥博士、石记伟博士、柯晓鹏博士,我经常向他们请教学术问题。感谢我的师弟张迩瀚博士、陈全真博士、李健博士和师妹吴笛博士,他们常常是我论文的读者,通过他们的反馈我才能更客观地得到学术界可能的评价。

除了导师和其他老师的指导和交流,一个学生间的交流平台也至关重要。在2020年9月,我的两位师弟张迩瀚博士、陈全真博士入学,加上吕炳斌教授的两位博士生张守莲博士、梁蒙娜博士,我们一起组织起了博士生知识产权沙龙。在这个沙龙上,每期由一位博士生作为主讲人,分享本人的研究成果(一般为已完成初稿的学术论文),由主讲人自费购买水果和零食,其他人作为评论人给论文提意见。在这种氛围之下少了些许客套,评论人诚恳地从读者和同行的角度提出对论文的见解,促进了不同研究方向和主题的交流,沙龙成为我们知识产权法方向博士生的一个成长和学习的平台。后来,沙龙也吸引了其他学科的博士生以及一些感兴趣的硕士生(蒋屹、谌可炜、胡笑威、柳婉婷等)旁听和参与,其间我们还邀请了吕炳斌教授对我们的沙龙进行现场指导。

在徐老师的安排和组织下,我们的知识产权沙龙从幕后走向台前,“知识产权菁英荟”即“南京大学知识产权博士生沙龙”于2022年4月26日国际知识产权日正式举办,由我和师弟张迩瀚博士分别作报告,我以“专利法中的技术特征”为题分享了我毕业论文前三章的内容,张迩瀚博士则分享了他打算用于博士毕业论文开题的内容——“专利权利要求中的错误”,姚兵兵庭长、郭鹏鹏律师和吕炳斌教授则是我们该次分享的点评人,他们以高超的学识给出了真诚且专业的意见,让我受益良多,在此一并致谢。

在论文的修改过程中,感谢解亘教授、吕炳斌教授、李华副教授、冯洁语副教授提出的宝贵意见。还要感谢我博士学位论文答辩的答辩主席和答辩委员,他们是解亘教授、周安平教授、吕炳斌教授、朱显国教授和胡朝阳教授。我将以此作为新的研究起点,努力向前辈学者们看齐。

我要感谢时任法学院党委书记王丽娟老师,在她的信任和支持下,我兼任了2021级硕士研究生的辅导员,让我有幸与343位学生接触和交流,让我提前感受到了作为一名老师的责任和使命。逸夫管理科学楼802室法学院学工办既是我兼职办公的场地,也是我撰写博士学位论文的自习室。我也要感谢时任法学院党委副书记林仕尧老师,我在他的领导下开展学工相关工作。同时,我也要感谢法学院逸夫管理科学楼802室学工办的赵风老师、唐赟老师、路敏玥老师,是她们对我的指导和帮助,让我顺利地开展兼职辅导员的相关工作。

我本科毕业于中国计量学院(现中国计量大学),就读于测控技术与仪器专业,并在法学院辅修了法学专业。自2022年10月进入中国计量大学法学院(知识产权学院)任教,承蒙学院领导和同事的关照,让我能在浓厚的知识产权氛围中从事教学与研究工作。

本书得以顺利出版还要感谢法律出版社编辑敬梓源博士。本人的第一本书很荣幸成为敬老师责编的第一本书,在敬老师及法律出版社各位同仁的努力推进下,本书得以尽早面世,敬老师高水平的编辑工作也极大地提升了本书的出版质量。

最后,我更应该感谢在我身后默默支持我的家人,是他们的支持、包容和担当让我顺利地完成学业,追求自己的学术理想。感谢我的妻子盛文君女士,在我求学的三年时间里,她承担了养育女儿的责任,我深知其中的艰辛。感谢我的父母,给予了我极大的自由和成长的空间。感谢我的女儿饶阅宁,给了爸爸充分的理解,我离家时你的不舍和回家时的欣喜,我都看在眼里。感谢我的岳母戴女士,这些年来她一直帮助我们养育宁宁,同时也承担了家里繁重的家务。

2022 年 8 月于南京大学鼓楼校区南园 21 舍

修改于 2025 年 1 月杭州